心学大师湛若水丛书

湛若水与书院教育

王建军 赵倩韵／著

广州新华出版发行集团
广州出版社

图书在版编目（CIP）数据

湛若水与书院教育／王建军，赵倩韵著．—广州：
广州出版社，2018.7
（心学大师湛若水丛书）
ISBN 978-7-5462-2804-4

Ⅰ．①湛…　Ⅱ．①王…②赵…　Ⅲ．①湛若水
（1466—1560）—人物研究　Ⅳ．①B248.995

中国版本图书馆CIP数据核字（2018）第154192号

书　　名　湛若水与书院教育
Zhan Ruoshui yu Shuyuan Jiaoyu
出版发行　广州出版社
（地址：广州市天河区天润路87号9楼、10楼　邮政编码：510635
网址：www.gzcbs.com.cn）
策　　划　柳宗慧
责任编辑　杨珊珊
文字编辑　刘雅丽
责任校对　李少芳
封面设计　肖晓文
印刷单位　广东信源彩色印务有限公司
（地址：广州市番禺区南村村东兴工业园　邮政编码：511442
电话：020-31035501）
规　　格　787毫米×1092毫米　16开
字　　数　130千
印　　张　8.5
版　　次　2018年7月第1版
印　　次　2018年7月第1次
书　　号　ISBN 978-7-5462-2804-4
定　　价　36.00元

前　言

湛氏若水（1466—1560），初名露，字民泽，后因避祖讳，改名雨，40岁时开始定名若水。字元明，号甘泉，谥号文简。明代著名思想家、教育家、政治家。甘泉是明代心学奠基者陈白沙的衣钵传人，他们创立的学派被称为岭南心学，以便区别于王阳明为代表的阳明心学。甘泉寿高，享年95岁，年少之时父亲去世，只能跟随母亲四处飘零，生活不乏艰难困苦。尔后经过科举仕进，由朝廷中的庶吉士做起，最后做了官属二品的礼部、吏部、兵部的三部尚书。当然，他曾亲历了明代官场的险恶，也懂得人间世故，虽然也会遇到诬蔑、陷害，甚至弹劾之类，但他都能安然度过，这其中不乏有人生智慧。甘泉一生不忘讲学，创办书院，招收门徒，传道授业、明理解惑。他勤于著述，善于思考，学术成果丰硕，思想博大精深，其中有经济的、政治的、礼法的、教育的、家规的、哲学的，等等，不愧为一代宗师，与同时代的王阳明堪称思想双峰。不唯如此，他的书院思想以及甘泉学派思想的形成及传承等，都值得人们去认真研究，以便从中汲取精华，为现代的社会建设、经济发展、精神文明、人格培养提供可以借鉴的理论资源。

甘泉学说继承白沙，白沙学说的基本特点是突出人的主体性以及人的本体地位。“天地我立，万化我出，而宇宙在我。”“我”非小我，也非私我，“我”是大我，也是天理。这个“我”是一种境界，也是一种胸怀，“我”是堂堂正正，直道而行，正义凛然，顶天立地。同时，也有一种理性认知，“我”不囿于一己之私，不拘于陈说陋习，也不屈于世俗权威。“我”的特点在“知疑”，“学贵知疑”。学是觉悟，疑是批判。只有思考批判，才能有所觉悟，也才会有进步，小疑小进步，大疑大进步，不疑不进步。白沙主张“静坐”，因为“静坐”，“久之，然后见吾此心之体隐然呈露，常若有物”。即“静坐”能体悟到“心”之本体的存在。平时人们可能会因为外在事物的缠绕，生活的繁忙，忘记了对自我的反省，忘记了“吾日三省吾身”。而只有在“静”下来的时候才会去思考什么是有意义的，什么是无意义的，什么是值得的，什么是不值得的。所以“静”是一种消极自由，一种不被世俗左右的自由，这实际就是意志自由、人格独立。和“主静”有关的是“自得”，所谓“自得者，不累于外物，不累于耳目，不累于造次颠沛，鸢飞鱼跃，其机在我”。“自得”说的是自主，不仅不被外物决定，而且又是自由自在，即“鸢飞鱼跃，其机在我”。因为“我”是主体。当然，白沙哲学中还有个“自然”范畴，“自然”源自道家，白沙引用了，并把它作为自己哲学的基本范畴，同时赋予了“心学”的意义。“自然”是“道”，“自然之乐，乃真乐也。宇宙间复有何事”。人生真正的“乐”是对“道”的“乐”，对于“道”的“乐”就是“自然之乐”，有了这种“乐”，其他的乐也就不算什么了。白沙处世大气，为人狂放，常思“我大而物小”，物之小者不足以夺取我之大者。作为儒者，他的自由绝对不是肆无忌惮、放荡不羁，而是“从心所欲而不逾矩”，是在自由洒落中对于义理的坚守，“义理须到溶液处，操存须到洒落处”。

甘泉学说不同白沙学说，白沙主静，甘泉主敬，甘泉说：“善学者，必令动静一于敬，敬立而动静浑矣。此合内外之道也。”什么是内外之道，内是道德理性，外是道德实践，道德理性很好地落实在道德实践中就是合内外之道。如果说“静”是一种消极自由，是不累于物，那么，“敬”就是一种积极自由，它要求儒者对于道德律令的真诚遵守，即先哲说的“执事敬”。实际上，这就是甘泉所理解的“自得”。在他看来，人能“执事敬”，就能有“自得”。他说：“若仆之愚见，则于圣贤常格内寻下手，庶有自得处。”“常格内寻下手”就是“体认天理”，“随处体认天理”是甘泉的发明，白沙给予了充分肯定：“日用间随处体认天理，著此一鞭，何患不得到古人佳处也。”甘泉解释：“吾之所谓随处云者，随心、随意、随身、随家、随国、随天下、随其所寂所感时耳，一耳。寂则廓然大公，感则物来顺应，所寂所感不同，而皆不离于吾心中正之本体。”就是在任何时候、任何情况下都要自觉体认“天理”的存在，并把它贯彻下去。不论是动，还是静，是感，还是寂，都不要忘记“天理”。寂静之时的“廓然大公”和动感之时的“物来顺应”，都是对于“天理”的自觉。所以，在“体认天理”的过程中，既有“心”，也有“物”；既有“知”，也有“行”。故“体认天理者，兼知行、合内外言之也。”“体认天理”包含了知行合一、表里如一和言行一致。它是一种工夫，工夫熟后，即是“自然”。所谓“自然”者，不见人为，不假人力，“不勉而中，不思而得”，自然而然，毫无造作，它是一种修养，也是一种境界。

甘泉不同于阳明，尽管他们是好朋友，也都属于心学一系。但他们都不苟且于对真理的探索和坚持，在具体的学术观点上他们有分歧。甘泉讲“心无所不包”和“心无所不贯”。阳明讲“心外无物”和“心外无理”。“心无所不包”说的是“心”包含了万物的存在，形上之“心”是万物的价值之源，“心无所不贯”说的是形上之“心”贯穿于万事万物中，当然也贯穿在人的言行当中。阳明讲“心外无物”突出了形上之“心”的价值之源，强调的是“致良知”，同时，在价值存在上否认了“物”的独立自在性，故后来的王学禅化在这里就埋下了伏笔。日本学者冈田武彦对甘泉的评价也许能说明问题：“湛甘泉豪迈峻敏，虽在力量上不如使其学风靡一代的阳明，但却比阳明资格稍老。他始终以体认之学为宗，其学与王学相互出入。阳明死后，湛甘泉又保持三十余年的长寿，在纠正当时朱子学亚流之弊的同时，又致力于救正王学亚流的猖狂之弊。”应该说，这个评价比较公允。

除了哲学之外，甘泉还有教育、礼法、政治，乃至经济思想等。甘泉重视教育，据史料记载：他建的书院（包括帮他建书院者）就有35所，其中广东地区有22所，如在西樵山建云谷书院、大科书院，在增城建龙潭书院、独冈书院、莲洞书院，在罗浮山建甘泉精舍、天华精舍，在白云山建白云书院，在广州建天关书院等。他的弟子接近4000人。陈裕荣编著的《湛甘泉门生弟子考录》一书记载有名有姓的弟子就达649位。明末清初的黄宗羲，在师承上就属甘泉的四传，即甘泉传唐枢，唐枢传许孚远，许孚远传刘宗周，刘宗周传黄宗羲。在教育中，甘泉重视人格培养和实践教学，他说：“君子之学也，犹之锻金也，不炉不锤则金不精。事也者，学之炉锤也，不历事则仁不熟。不熟，仁之弃也。夫仁也者，贵熟之。”人的品质不仅是学来的，更重要的是锻炼出来的，这锻炼就是在事上磨，事上磨就是社会实践。

甘泉关注礼教，不论是在书院的训规中，还是自己的家训中，都讲到许多有关礼规的内容，同时也非常重视这方面的训练。这其中就包括日常生活中的洒扫应对、爱亲敬长、隆师亲友等。这些都是做人的基本礼节。如《大科训规》说：“诸生相处，务守长幼之节。”“诸生相聚，不可自是自高，无长幼之序，虚心相下，非但礼所当然，亦且受益。”说的是弟子之间的相互尊重。《家训》讲：“凡父母在，兄弟不得各爨。每晨与兄弟同造父母之所，问夜寝安否，食能美否。父母问诸子过失否，过失安在，各前跪对。”其中所说应该以家庭的统一为重，子女要向父母问候请安，父母要问子女做事有无过错。另外，对于传统的吉礼、凶礼、军礼、宾礼和嘉礼，以及乐、射、御中有关礼的问题也都有论述。

在政治经济方面，他承续中国的德治传统，主张以德治国，强调对于“国之理”的认知。他说：治国首先要认识“国之理”，“《大学·治国章》以孝、弟、慈，以心，以仁让，以恕言之，吾心感应乎国之理也，是故事君使臣也、立教兴化也、事长慈幼也、使众临民也、正朝廷也、正百官也、正万民也，皆国之事理也。”这说明治国不能离开德的要求，礼法固然重要，但德更为基本，礼法应该建立在德的基础之上。在经济上，他重视农桑，强调民事的重要性，“事神者，敬天是也。治民者，农桑是也。……农桑之务，乃衣食之源，民事之最急者也。”

总之，甘泉思想中蕴含着丰富的宝藏，需要人们去挖掘、研究和传扬。广东省岭南心学研究会近年来主持并完成了国家古籍整理出版资助项目《湛若水全集》（约400万字）的点校，同时组织《心学大师湛若水丛书》课题，经广东省社科联积极向中共广东省委宣传部申报广东省“理论粤军”项目，课题获得批准。广州出版社对《心学大师湛若水丛书》的出版高度重视，列入重点项目出版计划，精心组织出版。我们在整理甘泉思想资料的基础上，推出这套丛书，目的是从不同维度去揭示其思想内涵，呈现其历史意蕴，发现其所潜含的现代价值。希望丛书能够对读者全方位地了解湛若水有所裨益。

广东省岭南心学研究会

2018年6月

目 录

导读

书院是中国古代社会后期出现的教育组织。它最早见于唐代，但只是藏书之所。具有教学性质的书院始于五代南唐的白鹿洞学馆，大盛于宋代，延续于元明清。与当时朝廷主办的各级官学相比，书院教学的目的在于自由研究学问，讲求身心修养。在宋代书院兴盛之时，它是理学家或学者的讲学之所。学子求学其间，是求学问而不是求科举出身。以后各朝书院的建立和恢复，大多是靠民间的力量，虽然元、明、清时代书院官学化的倾向很突出，各地官府对书院建设也较为重视，但书院一直没有列入国家正式的官学系统。

湛若水就是明代著名的书院大师。湛若水，字元明，表字民泽，号甘泉，初名露，后避祖讳改为雨，又改为若水。他是广东增城甘泉都（今增城新塘）人，世称甘泉先生。湛若水生活在明代中期，历成化、弘治、正德、嘉靖四朝。他是明代书院由衰转盛的重要推手。他对书院教育的贡献，不仅在明代广东卓有建树，而且在明代书院的发展史，乃至在中国书院发展史上都具有重要地位。

第一章
心学崛起，书院搭台

湛若水为什么要创办书院？因为他要讲学！湛若水生活的时代，是程朱理学在思想、文化、教育诸领域占统治地位的时代。但湛若水在学习中发现了一种比程朱理学更好的、更有利于人的道德成长的理论，他要借书院讲学将这一理论传播出去。而这一理论传播又正好适应了明代广东乡村正在兴起的对教化的需要，广东的乡村教化又成为湛若水书院讲学的促进剂。这样，湛若水便凭借书院这一平台奏响了他的人生乐章。

一、心学崛起促讲学

湛若水创办书院的第一个驱动力是他要讲学，要通过书院讲学传播他的"随处体认天理"理论。这一理论是他师从陈献章时萌发，又经过与王守仁的理论碰撞而益发明晰，最终促成了湛若水书院讲学的冲动。

1. 江门"小庐山书屋"的烛光

湛若水的讲学需求首先是由他的老师陈献章给激活的。

陈献章，字公甫，号石斋，别号碧玉老人、玉台居士、江门渔父、南海樵夫、黄云老人等，广东新会白沙里人，世称白沙先生。明代思想家、教育家、书法家、诗人，广东唯一从祀孔庙的明代硕儒。

陈献章年轻时，景泰二年（1451），他第二次赴礼部科举不第，于是到江西临川（今崇仁县）拜吴与弼为师，学习程朱理学。程朱理学是宋代理学家创建的一个学派，程指程颢、程颐，朱指朱熹。他们这一派的学术观点，简而言之，断言“天理”是独立于天地万物之外的客观实体，是先天地而存在，是永恒的，是至高无上的。它不仅是天地万物之源，而且也是人的心、性所应遵循的法则。人们求索天理，必须格物，通过“格”而探索“物”之理，即要走一条外求的道路。这个过程唯有伴随着“去人欲”的“诚意正心”，方可把握“道”体，从而实现“齐家治国平天下”的“外王”。

陈献章师从吴与弼时走的正是这样一种学习套路。半年后他回到家乡，专门在江门白沙村小庐山麓之南，建成一间书舍，题名“春阳台”，想认真地把程朱理学弄通弄透。但结果，陈献章痛苦地感悟到“此心与此理未有凑泊吻合处”，即自己的心路与程朱理学的所谓求学之方始终合不上拍。这个痛苦让他付出了十年的艰苦探索。他日坐春阳台，足不出户，闭门读书。平日家人通过墙壁洞口给他送食，困了就用热水洗个脚接着读。陈献章就这样度过了十年的读书光阴。

陈献章为什么感到与程朱理学的求学之方不“凑泊吻合”？

如同宋代理学家，陈献章也试图把握一种根本性的、超越性的“道”或“理”，寻找可以“一以贯之”的精神境界。但他感觉到，程朱理学在求道之时走的是一条强调“逐外忘内”的“支离之学”，而陈献章认为，对于这种超越性的“道”的把握，根本功夫不在外求，而在“自得”。他认为，“得道”的过程是一种“自得”或“洒落”或“至乐”的过程，所获得的是一种“道乐”的至上境界。

在陈献章看来，“理”与“心”不是割裂的，更不是对立的。“理”存在于人心之中，“理”依赖人之主体而存在。因此，人通过“心”的体悟而得道。在体悟的过程中能够超越富贵、贫贱、死生、祸福而达到一种“至乐”的境界，或一种称之为“自得”的境界。在此种意义上，“得道”成为了学习目的本身，是一种超脱于功名利禄、天地万物之外的自足自洽的高妙精神境界。获得了这种“自得”境界者也就拥有了至上的快乐而无需外求。“以道为乐”“寻乐”“得道”的“道”与“乐”是相互达致的。这样，“道”与“乐”共同形成了陈献章心学的两个互动的核心原点。

在陈献章看来，既然“道”只能靠此心来把握，于是“吾心”也就成了宇宙的主宰。人心通过自身的觉悟与“道”融为一体，也就因此获得了空间的无限性和时间的永恒性，人在社会中，乃至教育中的主体地位也就由此而确立。

这样，陈献章一反朱子学“格物致知”的求道路径，提出了“为学当求诸心”的求道新路径。他主张读书要以“吾心”去感悟，“夫学贵自得也。自得之，然后博之以载籍”。而自得的获得唯在静坐。学者须以“虚明静一”之状态，取古人紧要文字读之，力求“道”与“心”的契合。由静坐而自得，“静座养出端倪”的治学之方便呼之而出。

经过十年的寒窗苦读，陈献章终于有了“见吾此心之体隐然呈露”的欣慰收获。这种收获终于使陈献章的讲学需求萌发了。成化元年（1465），陈献章38岁。这一年秋天，曾拜他为师的潘松森决意要见老师。陈献章终为学生拜师精神所感动，打开了紧锁十年的春阳台大门。自此，陈献章将春阳台改为书馆，亲笔题写“小庐山书屋”，开始了讲学生涯。江门、南海、顺德、三水等地及省外的学生闻风而至，陈门一时为盛。

陈献章的教学风格自然洒落，其平时讲学时间不多，更多时候是与弟子一起讨论，甚至是优游于自然之中，或与弟子们一起饮酒、吟诗、观花、赏月，或在江边垂钓、山林游览，传授自然之道。他的“静坐养出端倪”的教育思想体系打破了明代以来程朱理学沉闷而僵化的教育格局。他强调通过自己的独立思考、消化、融会贯通，来明辨是非，从而形成了独具岭南特色的非正统的思想体系，即学贵自得、学宗自然、明心见性、践履笃实的思想体系，开创了明儒“心学”的先河。《明史》中说：“献章之学，以静为主。其教学者，但令端坐澄心，于静中养出端倪。或劝之著述，不答。尝自言曰：‘吾年二十七，始从吴聘君学，于古圣贤之书无所不讲，然未知入处。比归白沙，专求用力之方，亦卒未有得。于是舍繁求约，静坐久之，然后见吾心之体隐然呈露，日用应酬随吾所欲，如马之卸勒也。’其学洒然独得，论者谓有鸢飞鱼跃之乐，而兰溪姜麟至以为‘活孟子’云。”陈献章的这一理论高扬着“宇宙在我”的主体价值，突出了个人在天地万物中的存在意义。这个见解宛如一股清新空气，对整个明代文人精神取向产生了深刻影响。

2. 湛若水“随处体认天理”的提出

弘治七年（1494），67岁的陈献章迎来了29岁的弟子湛若水。

如同那时大部分学子一样，年轻的湛若水走的也是科举之路。弘治五年（1492），27岁的湛若水考上了举人。第二年春天，上京参加会试落第。次年，湛若水前往江门，由梁景行引荐拜师陈献章。此时的湛若水心中的科举情结还很浓烈，他在见过陈献章后，深为陈献章的学识所折服，但对其不事科举功名的做法十分惋惜。陈献章后来了解到湛若水还挂心于科举功名，就对他说，如果你的科举情结还不能全放下，跟着我学习终是很难合拍。陈献章语重心长地对他说，我不讲科举之学已经很久了。如果你不能全然放下功名羁绊，要领悟“道”是不可能的。当然，所谓放下并非放弃学习。只有努力于“勿忘勿助”，学其自然，才能领悟“道”的无在无不在。湛若水听了深受触动，于是“取所给部檄焚之，绝意仕进。深思力诣”。所谓“部檄”，相当于科举考试的准考证吧。湛若水将其焚烧，表达了全心向陈献章学习的决心。

由于增城与江门距离不是很远，所以湛若水早期的学习，主要是在江门与增城之间往返。如果湛若水住在增城，陈献章则通过书信引导湛若水认真学习。

首先，他教导湛若水要以自觉之心对待学习。这里讲的自觉，更多的是指要时时检讨、反思自己的不足。他说：“学无难易，在人自觉耳。才觉退便是进也，才觉病便是药也。”自己觉悟到落后了，其实就是进步的开始。找到自己学习的毛病了，其实就是找到治“病”的良法了。他指出，那些不能与其论学者，“其失在不自觉耳”。陈献章要求湛若水及其他有志于学习的同道，要“自励而日勉”，不要学会用一些漂亮的词藻来取悦人。

其次，陈献章要求湛若水树立学为圣人、以学道为己任的志向。他说，孟子见人便道性善，言必称尧舜，这是以尧舜为榜样来激励自己。宋代理学家张载逢人便告以圣人之事，这是以圣人为榜样来激励自己。我的做法也是如此。陈献章是说他与孟子和宋代理学家张载一样，平时多讲圣贤之言、之事，也是要以圣人的榜样力量来激励自己。老师是以自身为例子来激励湛若水坚定学习的志向。

再次，陈献章还向湛若水强调，“学贵自然”“以自然为宗”才是学问之精髓。为什么学习要以自然为宗？因为“人与天地同体，四时以行，万物以生，若滞在一处，安能为造化之主耶？古之善学者，常令此心在无物处，便运用得转耳。学者以自然为宗，不可不著意理会”。春夏秋冬四时运行，天地万物生生化化，关键在运转、变化。人的学习也是如此，应该将心经常处于无物状态，才能运用自如，发现新东西。陈献章的意思，学习只有不为某种物件所羁绊，才能永葆活力，永求进步。所以，学习要以自然为宗。

湛若水也经常写信，向陈献章汇报自己的学习体会，陈献章对此十分赞赏。他说，近来看到你的学习体会，已经很有点入门之象了。这就好比远行千里者，起脚不差，将来必能达到目标。他希望湛若水不要为世俗学风所影响，要以追求自然之乐为学习的目标。至于学习的最高境界，陈献章希望湛若水能达到“立本于空”的境界，即“内忘其心，外忘其形，其气浩然，物莫能干。神游八极，未足言也”。

后来湛若水来江门学习，陈献章让他入住楚云台。陈献章培养弟子，经常为他们提供食宿，楚云台便是他给湖北来从学的得意弟子李承箕建造的住处。这一住处，由陈献章命名为楚云台，并亲自题写门联“有月严光濑，无金郭隗台”，将楚云台比喻为“严光濑”“郭隗台”，陈献章希望学生能淡泊名利，潜心向学。陈献章让湛若水住进去，对其也寄予了同样的期待。

老师的新鲜理论使湛若水耳目一新。湛若水进一步感悟到，既然人与天地同体，那么对天理的体认，就不应该只是通过静坐才能实现。无论何人，无论何处，无论从事何种工作，只要认真涵养修炼，人们都应该能感受到体认天理的自得之乐。弘治十年（1497），湛若水将这一想法告诉了老师：

> 自初拜门下，亲领尊训至言，勿忘勿助之旨，而发之以无在无不在之要，归而求之，以是持循，久未有着落处，一旦忽然若有闻悟，感程子之言“吾学虽有所受，‘天理’二字却是自家体认出来”，李延平云“默坐澄心，体认天理”，愚谓“天理”二字，千圣千贤大头脑处。尧舜以来至于孔孟，说“中”，说“极”，说“仁义礼智”，千言万语，都已概括在内。若能随处体认，真见得，则日用间参前倚衡，无非此

体，在人涵养以有之于己耳，云云。

这就是湛若水的“随处体认天理”。他认为，天理是普遍存在于日用生活之中的。在圣贤的头脑里，从尧舜到孔孟，他们无论是提倡“中”，还是“极”，还是“仁义礼智”，千言万语说的都是来自生活中的天理。这种天理，任何人在任何场合都可以体认。这一思想是对陈献章“自然为宗”思想的自主发挥。陈献章对此也做出了明确的回应：“来书甚好。日用间随处体认天理，着此一鞭，何患不到古人佳处也。”陈献章认为按此理走，定能寻觅到古代圣贤的理论真谛。

湛若水的理论创新，使陈献章对其益发器重。弘治十二年（1499），陈献章把江门钓台作为信物赠予湛若水。江门钓台是陈献章在蓬江岸边建造的一间小屋，临江可垂钓、赏月、饮酒、游乐，也是陈献章坐而论道的地方，是其学术、学派的象征，犹如佛家之袈裟，可用作传承事业的信物。他明确指出：“达摩西来，传衣为信，江门钓台亦病夫之衣钵也。兹以付民泽，将来有无穷之托。珍重，珍重。”民泽即湛若水的字，陈献章正式确定了湛若水为学派继承人的身份。弘治十三年（1500），陈献章逝世，湛若水为其服丧守墓三年。光大师门的学术责任感便促成了湛若水讲学的需求。

3. 阳明、甘泉京师定交讲学

弘治十七年（1504），39岁的湛若水奉母命北上，入南京太学学习。第二年春天，他参加礼部会试，中进士，遂进翰林院为庶吉士。翰林院是朝廷的文化专门机构，主要职能是编史、著述和收藏书籍，也是朝廷养才储望的主要场所。庶吉士只是初入门者，相当于实习生而已。湛若水在这里认识了翰林院编修、广东东莞人刘存业。正德元年（1506），经刘存业介绍，湛若水认识了正在北京讲学的王守仁。

王守仁，字阳明，时任兵部武选清吏司主事。他胸怀大志，年轻时期就努力学习程朱理学，并积极践履朱熹倡导的“格物致知”之说。但在实践中他遇到挫折，这令他不得不怀疑朱熹学说的正确性。于是他又转向对佛教和道家学说的探讨，力求能从中寻找一条拯救人心、拯救世道的理论之路。但他的这种理论探索，却被人们讥讽为追求立异好名，因此心中倍感孤独。这时他遇到了湛若水。

湛若水在会讲中极力推崇程颐的“仁者，浑然与天地万物同体”的思想，给王守仁以拨云驱雾的震撼。王守仁感叹道：“予求友于天下，三十年来未见此人。”湛若水也从中感受到两人的“会意交神”。由于双方志趣相投，重视立志，热心讲学，都以发扬道学为己任，也都有学为圣人、优入圣域的远大抱负，所以两人“一见定交，共以倡明圣学为事”，相约“同趋大道，期以终身”。

同年十二月，南京给事中戴铣等因为谏诤正德皇帝生活作风问题入狱，王阳明上疏相救，触怒宦官刘谨，遭廷杖四十。次年二月，贬谪贵州龙场驿。临行前，湛若水赋诗九首赠别王守仁。诗中细述了两人在学术上的观点契合和志趣相投，以“天地我一体，宇宙本同家。与君心已通，离别何怨嗟”，表达了以道相许的殷殷心情。王守仁则报之以答诗八首。

王守仁贬谪贵州龙场，万里孤游，深山夷境，静专澄默，功倍寻常，故胸中益发洒落。一旦恍然有悟，顿悟“格物”之旨。面对明王朝濒临的空前统治危机，他认为社会政治的动荡是由于道德的沦丧，道德的沦丧是由于学术不明，而学术的不明则是程朱理学的流弊所造成。王守仁指出：程朱之学发展到明代，已沉闷僵化，成为人们用来死记硬背的“词章”。在他看来，已经被衍化成烦琐僵化教条的程朱理学，它的精粹之处已被湮没，成了束缚思想的僵死教条，已不能救正人心了。要救正人心，必须要用一种直截了当的方法，促使人们去追求内在的心性。这一学说一反程朱之学的烦琐支离，强调人们只需通过“格心”的功夫，即从思想深处自觉排除妄念，接受封建伦理纲常。正德三年（1508），他在贵阳龙场修建龙冈书院。正德四年（1509），他在贵阳文明书院主讲时，开始提出“知行合一”的理论。

正德五年（1510），刘瑾伏诛，王守仁回到北京。王守仁与湛若水再次相聚，这次还增加了好友黄绾，三人意气相投，更订下了终身共学的约定。这一时期，王守仁与湛若水甚至比邻而居。退朝以后，两人饮食与共，相论心性之学，切磋讨论。随着交情的日益加深，双方也对彼此学术上的论点有了更深入的了解。

当然，随着讲学的深入，特别是王守仁“良知”说的出台，两人的理论分歧也日见明显。曾经有人试图从中调和，认为“致良知”与“随处体认天理”二者没有原则差异。但湛若水和王守仁皆不认同。湛若水指出王守仁学说的“四不可”，王守仁则指出湛若水的“随处体认天理”是求之于外。两人各持己见，于是通过会讲，通过书信，相互展开辩驳。

王守仁为了宣传他的观点，出行各地，随处讲学，在江浙、江西、两广，所到之处必开书院。经他亲手所修、扩、建的就有龙冈书院、贵阳文明书院、濂溪书院、稽山书院、敷文书院等。他在会稽建稽山书院，湖广、广东、直隶、南赣、安福、泰和等地来听讲者三百多人，“宫刹卑隘，至不能容”。他在江西讲学，“四方学者辐辏，始寓射圃，至不能容，乃修濂溪书院居之”。

湛若水也广开书院，宣传他的“随处体认天理”。正德十年（1515），他服母丧回乡。后向朝廷告病请假，进入西樵山创建大科书院。湛若水说：“五十以忧病归西樵，樵中有烟霞之洞，四方英才集焉。乃胥与集石为台，因台集木，为居、为堂、为馆，为讲学进修之地。以迩大科峰，因曰大科书院。”湛若水把西樵山作为“退居求志之地”，黄宗羲谓其“卜西樵为讲舍，士子来学者，先令习礼，然后听讲，兴起者甚众”。其后，无论是任官南京，还是出行扬州，还是在广东，湛若水都广建书院。据统计，在增城、广州、南海、惠州、韶州、英德，以及广东地区以外的南京、溧阳、扬州、池州、徽州、福建武夷、湖南衡山等地，湛若水所建书院（包括其他人帮他所建书院）共35所，其中在广东地区有22所，在其他地区有17所。弟子赞他“先生平生志笃而力勉，无处不授徒，无日不讲学，从游者殆遍天下”，“合天下之士，出其门者四千人，车从所至，咸有精舍”。

至此，我们可以明了湛若水热心创办书院的第一个动机，那就是讲学的需要。正如湛若水在给王守仁的信中说：“夫学以救偏者也，如其不偏，何俟讲学？故学者，大公之道也。每见程氏兄弟说又不同，而张、朱订论不容少贷。昔夫子忧学之不讲，夫讲必有同不同，不必同，所以求其同也，然后义理生焉。如彼二磨，其齿不齐，然后粟米出焉。故天地之所以能化生万物者，以阴阳变合之不齐也。”其意思是说，讲学是为了救治学术之弊。如果学术无弊端，何须讲学？所以补偏救弊，是学者的社会责任。宋代理学家，如程颢、程颐兄弟，如张载与朱熹，都相互讨论与讲学。当年孔子最忧虑的就是不讲学。要讲学，必有同与不同。学术观点的不同、理论的分歧，通过讲学，通过论辩便可求得义理。正如石磨，因其磨齿不齐方得粟米，自然界因阴阳交替才能化生万物。这就是湛若水坚持书院讲学的心志。

二、乡村教化唤书院

湛若水创办书院的另一个动机则是当时的广东乡村社会需要“文化”。这个文化作动词理解，即以“文”化民成俗。当时的广东乡村正在展开一场教化活动。所谓教化，就是依据宋儒家礼学的正统资源，以乡约、家训一类的文件来改变时俗，以主导乡村文化秩序，明清时期将其称为教化。湛若水创办书院正是为了适应这一需要。推动乡村教化，他的讲学才有了深广的社会土壤。

1. 明代广东乡村教化的兴起

明代以前，广东乡村社会文化是佛、道、巫觋等唱主角，儒家正统思想处于边缘化位置。例如广州城内，直到明代正德、嘉靖年间都还是各种寺庙道观（当时被官方称为“淫祠”）遍布，各种各样的法术和宗教仪式充斥着人们的日常生活，误导民风民俗，耗费人民财产。鉴于此，从明初开始，广东一批以治世为已任、以儒学正统自居的士大夫便借用国家正统所能提供的资源，积极在地方展开教化活动。他们通过毁淫祠、兴社学、行乡约、撰家训等形式，试图建立一个合乎国家正统的地方文化秩序。

明代广东士大夫为什么重视这样的“教化”？这主要是出于对家族前途的担忧，他们期望子孙能够传承家业，克彰先德。新会士人伍骥之先祖为宋代翰林典章，前四世官达显耀，至元末动乱家道衰退，至明代永乐年间才遇世道升平。他在《诫子书》中历数家世之源流，阐述其人生之责任：“然吾奉守祖宗基业，虽颇盈余，而服用不过布素，不求华美。所务者修坟墓、奉烝尝以报本，法祖宗、循礼义以修身，积寸土、勤三时以裕家，礼贤士、买诗书以教子，此一生行己之大略也。”他希望子孙能够体悟父辈之苦心，希望子孙能够“绳祖武、体父心、睦亲姻、丰祭养、笃同气、戒妇言、勤读书、慎交友、守基业、立功名”，“思前人创业之艰难，期今日继述之无忝，斯为孝子，斯为孝孙”。

南海士人庞尚鹏在给好友卢梦阳的信中也说：“独念子弟童仆习于燕安溺于浮靡，三年之后不知有宗族，十年之后不知有农桑，萧墙之外便为胡越，此其势所必致者，恐不可不逆为之虑也。”南海士人霍韬在《家训》中写道：“立家极难，败家极易，祖考尝为其难矣，兄弟子孙毋为其易也哉！”其居京为官，也屡屡致书家人：“子弟守礼安分，保家业不坠，我望足矣。”这些言论体现出明代广东士大夫对宗族命运格外关注。由此他们不仅十分重视完善宗族制度的建设，而且十分关注宗族在乡村社会中的主导作用，以确立宗族在乡村社会中的权威地位。

这种愿望又与明代朝廷的里甲制度建设相吻合。明洪武年间，朝廷通过编制户籍、收集军兵等方式，在全国推行里社制、里甲制和里老人制等政策，以加强乡村教化。为此，朝廷陆续颁布了诸如《大明律》《教民榜文》等文件，要求各处乡村人民，每里一百户内立坛一所，祀五土五谷之神，并推行“乡饮酒礼”，在乡村落实“孝顺父母，尊敬长上，和睦乡里，教训子孙，各安生理，毋作非为”的道德规范，以实现“序长幼、别贤否、厚风俗”的社会秩序。正统十四年（1449），广东南海农民黄萧养发动叛乱，使明王朝进一步认识到借助士绅建立乡村组织的重要性，明王朝于是把广东地区的大多数居民纳入王朝统治体系，在更广大的乡村社会建立起王朝统治秩序。嘉靖八年（1529），朝廷正式确立乡约制度，要求“每州县村落为会，每月朔日，社首社正，率一会之人，捧读圣祖《教民榜文》，申致警戒”。

与之相应，弘治、正德、嘉靖年间，在广东，广州府地区涌现了一批如陈献章、梁储、黄佐、霍韬、方献夫、湛若水、冼桂奇、庞嵩、何维柏、庞尚鹏等身兼朝廷要职的士大夫，在潮州府地区则出现了薛侃、翁万达、林大春、林大钦、唐伯元、林熙春等一批有地位的本地士大夫。他们十分希望在家乡建立起稳定的乡村社会秩序和文化规范，因而积极主导了广东地区的宗族组织建设。诚如霍韬所言："夫天下之治乱系士风，士风沦丧，望天下之治可以复古不亦难乎？故不自揣力量之不足，窃欲与诸君共敦古道云尔。"而要端正士风，必须要借助教育的力量，或修乡约乡礼，或撰家谱家训，或建书院讲学，由此广东地方社会掀起了一股教化革新热潮。

2. 毁淫祠，兴社学

建立乡村文化秩序的重要措施是毁淫祠，兴社学。所谓毁淫祠，就是捣毁未被朝廷祭祀典籍（祀典）所承认的祠庙。所谓兴社学，就是在乡、里基层建立学校，传播儒家正统文化。这是一破一立的文化建设事业。

明代朝廷规定，在里一级的祭祀对象，有里社坛、乡厉坛，各户有祖先及灶神。这些都属于纳入朝廷祀典的"正祠"。除此之外，凡尚巫信鬼，僧道祭祀，以及广东各地流行的迎神赛会和放水灯等活动中扮神跳鬼之风俗，都属于捣毁之对象。其目的就是要在乡村社会复兴儒家礼教，以正民风民俗。

早在成化年间，新会知县丁积在推行教化过程中就有"尽毁邑中之淫祀，而以礼教禁民之邪"的举动。弘治二年（1489），顺德知县吴廷举"下车首兴学校，毁淫祠"，对凡是误导民风民俗的祭祀活动一律予以禁止。吴廷举要求全县百姓"四时八节，各祭宗祖，春祈秋报，共祭土谷"。在这次行动中，顺德共毁淫祠225所，用来改建社学。吴廷举强调乡社学乡属，以训诲子弟，示教乡民。

明代嘉靖元年（1522）广东提学副使魏校在广东捣毁淫祠，对促进明代广东乡村社会的教化进程有着正面效应。魏校是直隶昆山人，正德末年（1521）担任广东提学副使，负责文教。他上任之后，坚持"教士以德行为先"的方针。他看到，淫祠邪术的盛行，祸害之根在夺民心，妨正教。为此，魏校令广州府属的地方官对城内街坊进行调查，将未被祀典记载、与教化无关、朝廷也没有赏赐敕额的神祠、佛寺全部捣毁。又命令临近广州的高明、四会、增城、新会、从化、新宁六县的教谕、训导对番禺、南海两县农村的淫祠状况进行调查。他又发文给广东雷州府，要求地方官府"通查境内淫祠及废寺观，尽数拆毁，以祛数百年之惑，变卖地基，收贮材料，以兴社学”。他在给南雄府的禁令中要求“有司宜严加禁约，悉毁外神，责令专祀先祖”。与此同时，又将捣毁令发送到雷州西邻的廉州府，详细指示根据当地的实际情况捣毁淫祠的方法和要求设置取代淫祠的社学。

魏校将打击淫祠与“兴正学”结合起来。作为与淫祠抗衡的手段，他在给番禺县、南海县、东莞县的文书里，强调应该设立社学、建立里社、实施乡约，将民间的信仰统一管理起来，并加强对乡民实施教化。魏校强调：“今之各里社学，馆舍浅狭，读诵虽存，礼学尽废。故特建各隅社学大馆，以为诸生学习礼乐之所。以礼乐读诵互相启迪，务求作新，以期化民善俗，育才成治。”

《粤大记》中说，当时，魏校任命广州府学的学生陈激衷、从化县学的学生林克忠教诸生静坐，谓之坐斋；并撰写《体仁说》，颁布全省社学，令学者“内省气象，自中达外，如春风之和，乃见仁体”。魏校经常到社学，考查学生的学习状况并详细开导。“诸童生率其教，端立拱手，绳趋尺步，歌诗、习礼，咸知向往”。

《广东新语》中也记载了一个事例：博罗县学的学生翟宗鲁，看到博罗的延庆寺与县学比邻，寺庙里的嘈杂之声严重地影响了学校的教学。于是他上书督学魏校：“凤凰与鸱鸟绝不并树而栖，兰花与荆棘绝不同林而植。现在学校与寺庙比邻，读书声被梵音所掩盖，学生混杂在僧侣之间，这绝不是限制邪教、重返经典、崇尚儒学、纯洁教育的做法。建议将延庆寺迁徙他处，以其地扩展学宫。”魏校接到此信后，立即批示照办，并强调此议可行于天下。可见魏校毁淫祠的举动有效地推动了广东乡村社会的教化进程，在各地得到积极的响应。

3. 行乡约，撰家训

当然，毁淫祠，兴社学，只是明代广东乡村教化发展的第一步。为求教化真正深入社会，行乡约、撰家训便风行一时。

所谓行乡约，即通过制定乡之公约，将宋儒所倡导的礼俗规范推广于乡村社会，以整顿和改革巫鬼迷信、愚昧落后之风俗，在乡村社会建立起一套推行乡约、乡校、社仓、保甲制度的基层社会组织。

早在洪武年间，南海县平步乡（今顺德平步乡）士人唐豫就依据《朱子家礼》，在家乡推行乡约。永乐年间，香山县士人容悌舆也在家乡推行教化。成化年间，新会知县丁积向陈献章拜师求教，把陈献章的化民成俗理念推广到县治之中。丁积治理县事，严禁赌博、盗窃。凡遇犯者，除法律惩戒外，还将这些人集中在学校，使日诵《小学》，亲为讲解，以期变化其气习。为促使乡村社会移风易俗，丁积又参与制定了冠婚丧祭之仪礼，令百姓按此规范行事。每逢春秋祭祀，丁积要求所有供品须极其精致清洁，摆放必须齐整，仪仗队人员必须沐浴更衣，丁积亲自检视完毕，才准许举行祭祀。

潮州地区行乡约的风气也比较盛行。潮州有开元寺，自唐朝开元建寺以来，“凡际圣旦令节，先期一日，文武官僚，咸习仪此中”。明代以来，由府学的两位教师，每月的朔望之日，率领府学弟子及缙绅耆老来到开元寺，“申圣谕，讲乡约，期在化民成俗，童叟争观，听者盈庭”。

潮州府饶平县黄冈乡，早在正统年间，知府王源就已推行乡约。弘治年间，知府叶元玉以废崇真堂旧址改建乡校一所，并推举了约正一人，约副二人。正德十四年（1519），薛侃回到家乡揭阳。有乡族相互打官司，久讼不已，薛侃为之调解，乡人十分高兴。于是薛侃告之以行乡约之意，众人皆称善。“遂约为十事，呈府给照，使民心易一。公差入乡，必会约而行，自是强有所慑，弱有所扶，会时又细为之讲发。数年以来，官无一卒入乡，乡无一词在官，租粮早完，鼠窃屏息，置物弗守，遗失可追，居者日裕，逃者日归，民甚便之。”嘉靖五年（1526），朝廷御史季本贬官揭阳，“以化民为事”，将乡约制度化。“乡立约长以总其教，约副以助其决，约正司训诲，约史主劝惩，知约掌约事，约赞修约仪。”每至月朔日便集会乡民讲读约义，以察乡民行为之邪正。“行之二年，风俗移革，境内以宁”。

在这样的风气下，嘉靖九年（1530），香山士绅黄佐在广州著成《泰泉乡礼》，为明代广东乡村社会推行乡约提供了极好的范本。《泰泉乡礼》全书共七卷，《乡礼纲领》《乡约》《乡校》《社仓》《乡社》《保甲》为前六卷，末以《士相见礼》《投壶》《乡射礼》等为一卷，参照朱子家礼，陆氏家训，吕氏宗法，白沙陈氏、宁都丁氏、义门郑氏家范及琼山丘氏仪节等范本而成。

黄佐所订乡礼，把乡礼视为士大夫团结宗族乡里的制度，“凡乡礼纲领在士大夫表率宗族乡人，申明四礼而力行之，以赞成有司教化。其本原有三，一曰立教，二曰明伦，三曰敬身”。其具体要求，“立教以家达乡”，“明伦以亲及疏”，“敬身以中制外”。其路径，均从一己一家出发，由内而外，由亲至疏，由家达乡，是一套“亲亲尊尊之制，比闾族党之交，律己教人之法”，目的是要建立以礼为中心的家族乡里社会秩序。

《泰泉乡礼》成书后，备受士人青睐，时称“医世良药”。广东左布政使徐乾曾命书坊翻刻通行，但未及落实，徐已调任。于是有番禺、南海、新会诸县“冠带耆民”数人以“乡礼兴而盗贼息，教化行则风俗厚”为由，再请有司准行乡礼，严立乡约、乡校、社仓等，各家置取乡礼书一部，“俾其讲读，民皆知教，悉依礼式躬行，则风俗有转移之机，共享雍熙悠久之治”。嘉靖十四年（1535）正月，广东右布政使李中“举行四礼，札付府州县严立乡约”，“乡校、乡社、社仓、保伍，各具约长、约副姓名以闻”，即将《泰泉乡礼》遍发所属州县，“每里各给一部，使之家喻户晓”。

家训则是家族教化读本。世家大族为修身齐家，以儒家家族伦理观念为正统，借家训对家族子弟行为习惯进行劝导。为了适应宗族社会的发展，明代广东的家训呈现出与宋儒家礼有所不同的特点，即其重点不在礼仪，而在家族的维系。特别是对于族产的管理，家训制定者予以了特别的关注。他们从家族实际利益出发，更多地强调对家族成员的训诫。

这一特点在霍韬的《霍渭崖家训》中表现特别明显。他在家训中强调：“家之兴由子侄多贤，家之败由子侄多不肖。”霍韬强调，子侄的贤与不肖，根本取决于勤惰奢俭，这个教育责任应由父兄承担。不肖者之父兄对子侄多事姑息，致子侄多不肖，以败其家，不可不戒。《霍渭崖家训》共十四篇，包括田圃、仓厢、货殖、赋役、衣布、酒醋、膳食、冠婚、丧祭、器用、子侄、蒙规、汇训上、汇训下等章，要求子弟要做到“行检高下”，以“敦崇道德，言行足师表于世，为第一等”，“居官廉勤，尽忠体国，不顾家私，为第二等”，“务农力穑、勤俭干家、秉公无私、入孝出弟、不得罪宗族乡党，为第三等”，“好逸苟安、惑乱世教，为不入等”，要求乡间父老“亦互相劝勉，共敦古风，勿蹈浮俗”。

同是南海士人的庞尚鹏的《庞氏家训》也是从维系家族利益出发，其《庞氏家训》共十款六十九条，内容包括“务本业”“考岁用”“遵礼度”“禁奢靡”“严约束”“崇厚德”“慎典守”“端好尚”“训蒙歌”“女诫”等章。举凡士农工商各业、冠婚丧祭四礼、日常生活及待人接物等无所不包，要求“子弟以儒书为世业，毕力从之。力不能则必亲农事，劳其身，食其力，乃能立其家。否则束手坐困，独不患冻馁乎”，足见其对家族稳定的期盼。

湛若水也是撰家训、行乡约的积极行动者。他致仕回乡后，立即将《甘泉湛氏家训》刻版印行；又与乡人共同推行“沙堤乡约”（又称“沙堤圣训约”），将乡约刻碑立亭于家乡沙贝村的独冈书院，并举行了第一次聚会。

明代广东乡村教化运动促成了以士大夫文化为主导的社会秩序。它不仅有效地强化了地方宗族的整合力，加强了地方文化的正统性，而且充分展示了广东士大夫在乡村教化活动中的主导地位。这一发展进程虽缓，但历永乐、宣统至正德、嘉靖朝百余年的演进，渐见其效。黄佐在《广东通志》中描述明代广东百余年教化之后的变化说：“国朝百余年间，礼教渐摩，名德辈出，缙绅之家，以不学无礼为耻，以导欲诲淫为戒。……三尺童子皆知绳趋矩步，以闲其邪心；畎亩之民，山歌野唱，亦悠然有自得之趣。”

三、广建书院祀白沙

明代广东的乡村教化运动呼唤着书院讲学。我们只要看看湛若水在西樵山创办书院后的热闹景况就能明白。当时的西樵山，除湛若水的云谷书院、大科书院外，还有霍韬的四峰书院、方献夫的石泉书院。他们在此研究和宣传着江门心学、甘泉心学、阳明心学，因此吸引了大批来自岭南甚至全国各地的有志者到此，或讲学，或暗修。方献夫曾就这一情况致信王阳明：“西樵山中近来士类渐集，亦颇知向方，但未见有实得力者。大抵此学真是数百年绝学，非卓有实见者难以言矣。甘泉大有倡率讲明之意，近构学舍数十于山以延学者，将来必有成就，此亦一盛事也。”

广东士大夫钟情书院教育，首先是书院能培养推动乡村教化的人才。陈献章的弟子在这方面就是很好的例证。新会知县丁积曾拜师陈献章，他在新会乡约活动中发挥了很大作用。而陈献章所培养的新会籍弟子，如区越、李翰、马贞、马国馨、潘松森、宋容重、卢应等，皆学有师承。他们依赖师承哲理所获得的能力，借以化民成俗，在新会乡约活动中发挥了骨干作用。湛若水对此很有认识："人之立行也，修诸身，行诸家，达诸其乡里。"所以要推动乡村教化，创办书院是一个重要举措。

另外，书院也能加强对家族子弟的教育。霍韬在西樵山的四峰书院，功能主要是训诫子侄。回朝任官时，霍韬将书院交给他最信任的弟弟霍尹先以及好友郭肇乾管理。郭肇乾曾求学于湛若水门下，日闻心性之旨，造诣颇深。书院后来转交叶春及掌管，叶春及曾拜庞嵩和薛侃为师，笃信良知之学。霍韬规定，凡在书院中抗拒先生的子侄，"可发回大宗祠前，朔日会众，打二十棍"，"如再抗拒，送县衙门关起来再问"。又规定"今后各子侄不许各取小厮跟随""四峰书院不许交接外人进内宿歇"等，都是为了更好地顺应乡村文化秩序的构建。

更重要的是，湛若水在书院创办中树起了陈献章的理论旗帜，以此引导乡村教化运动。正德十年（1515），湛若水忆起恩师陈献章向往罗浮山，然终因病重而止步增城，于是决定建明诚书院以祀白沙。明诚书院地处增城凤凰山西麓形胜处，湛若水在翰林任官时便在西郭之巷购置了书院的房产，有房屋五间，书院由三层构成，最高处则建席光亭，"将以妥先师之灵也"。席光亭的规制，"为石座者一，为木龛者一"。登上席光亭，城外的群山一览无余。为什么要建席光亭？湛若水说，为揭先生诗语也。当年陈献章止步增城凤凰岭，赋诗中有"借我一席光"一句。什么是席光之义？湛若水说，即先生之明德之光。湛若水修建此亭，"以奠白沙先生之神也"。

嘉靖十年（1531），出按广东的御史吴允祥在粤秀山建白沙书院，由陈献章的孙子陈畬主掌。白沙书院"其上为祠堂，五间东轩、三间南轩称之。其下为拜亭，三间。左右为两池。又其下为牌坊。其外为大门，三间。门左右为号房，十有三间"。湛若水对此十分满意。"于是，有祠以安灵，有堂以敷教化，有廊庑以处学者。学者之来可以居业，可以进，可以息，可以优游涵泳，以究先生之道。升其堂而入其室，宛然俨然如先生之存，僾乎若睹其仪，闻其声欬而亲炙之者。所以淑人之心，明正道，扶世教，易风俗，措斯世于唐虞三代之上，礼义兴，狱讼息。”湛若水又在增城创建了龙潭书院、独冈书院、莲洞书院，在罗浮山建甘泉精舍、天华精舍，在白云山建白云书院，在广州建天关书院，在衡山甘泉书院立白沙祠，以祭祀陈献章。

在《莲花洞书馆上梁祭告文》中，湛若水敬祭先师陈献章的在天之灵，称颂先生下学上达，德与天齐，表达了不玷污师门，不辜负先生的志向。在《新创衡岳白沙先生祠记》中，湛若水称颂先生之学高明如天，广大如地，天地合德，神游衡岳。他说，当年先生向往衡岳而未能成行，成终生遗憾，今设祠于衡岳之上，以遂先生平生之志。

湛若水创办书院，除了表达对老师的追念外，更重要的是为了传播白沙心学、甘泉心学。由于这一理论“接地气”，借书院传播这一理论，有利于淑人心，明正道，扶世教，易风俗，所以很受广东士大夫的欢迎，也因此成为广东乡村教化活动的重要思想武器。

例如南海士人何维柏，在嘉靖十年（1531）参加乡试而下第，便入西樵古梅洞，澄心静坐，日读《白沙集》。后中进士，官至南京吏部尚书，“复入樵与刘模、王渐逵、陈激衷为莫逆交，门人从远方来者，履常满”。后又复出，再削籍家居，“四方从游者众，大会于广孝寺，发明白沙宗旨，名其居为天山草堂，又辟河南胜地为天山书院，以处从游之士”。番禺人王渐逵，后中进士，授刑部主事，以母病致仕，家居三十几年。在小云谷精舍中，与何维柏等人解疑辩难，又筑室青萝山下，“晚年究心理学，粹然一根于心”。

又如霍韬之弟霍任两次应省试不第，习静西樵山中，“尝从王文成、湛文简游，穷究理奥，所学日邃”。哥哥霍韬在朝官至礼部尚书，他却“托迹溪谷间，与白沙高弟邓德昌辈，泉石自娱，不与世事”。霍韬的另一个弟弟霍杰，“闻湛文简讲心性之学，移书辩论，久之信服，愿执弟子礼”。

又有顺德人陈谟，其父号东山先生，师从湛若水隐居西樵山烟霞洞，后陈谟也上西樵山跟随湛若水受业。陈谟听圣贤之学，脱然有悟，遂构屋于烟霞洞后，名其亭曰：仰止。

又有东莞人钟景星，少习举业，闻湛若水讲学西樵，偕弟钟景旸前往受业。他与陈谟、郭肇乾辈相策励，日益饬躬励行，随处体认，务得其“中正”之的而向往之。

仅举几例，可见广东士人对白沙心学、甘泉心学的向往。广东士大夫追随湛若水，不仅促进了岭南心学的传播，而且也浓厚了明代广东社会的学习风气。明代中后期广东科举人士的激增，包括湛若水家乡（今增城新塘）科举人士的激增，都是显著的例证。

了解了这个历史大背景，我们对湛若水创办书院的动机就会有深入的理解。可以这么说，明代心学的突破与创新，加之广东乡村教化活动的实践，促使湛若水开始了创办书院的活动。而理论与实际的结合，又深刻地主导了湛若水的书院教育思想。湛若水之办书院，以祀白沙为号召，然其成就却大大超越了陈献章的教学传统。他使书院成为固定的教学场所，改变了陈献章以优游山水为形式的教学模式。他建书院以祀白沙，使白沙心学、甘泉心学成为书院教学的制度性知识资源。他通过制定规制，翔实规定了书院学生的为学旨趣、修习课程、尊卑礼仪、作息制度等一系列思想与行为的准则，使讲究自然自得、质朴自由的陈献章心学得以纳入书院式的教学组织之中。这些举措使湛若水的书院教育思想彰显出时代特色。

第二章

书院宗旨，学心而已

学校教育的生命力首先体现在它的办学宗旨上。办学宗旨标榜着一所学校的学术取向和价值追求，在一定程度上彰显着一个时代的风向标。湛若水说：“学校其王政之大乎！”是说学校教育是关系到国家前途的大事，宗旨“明则人才出而风俗正矣”，所以马虎不得。然而，古代的官学，无论是中央官学，还是地方官学，却没有独特的办学宗旨。因为所有官学的办学都得听命于朝廷，服从于朝廷的文教方针。

书院则不同。书院的产生乃至发展的生命力，在于其宗旨是为讲学而不是为科举，是为修身而不是为科举出身。这样，书院往往通过学规的形式宣示它的办学宗旨。书院的学规将书院教学的方针、学生生活和读书的守则及戒条、学习的项目与标准、为学的次第与方法等公之于众。它指出了为学的方向和道德修养的功夫，体现了一个书院的学派特点和教育特色。古代著名的书院学规是朱熹手订的《白鹿洞书院揭示》。它不仅揭示了传统教育的根本宗旨，展示了人们为学的方向，而且提出了修身、处事、接物的基本要求，作为实际生活和思想教育的准绳。以后的书院大师依照此例，将自己的讲学宗旨、进德和为学的基本要求及书院生活的基本守则结合起来，形成了特色各异的书院教学制度。

湛若水创办书院，也是首重书院宗旨。湛若水在创办大科书院时明确宣称：“朝廷立有大学及府、州、县学，所以教养人才甚密。本山书院不过初为退居求志之地，四方儒士因而相从”，“凡来相见者，若非问学道义之士，不敢泛接”。就是说，各级官学自有它们的教养人才之法，而大科书院是他本人的“退居求志之地”，所以自有其独特的教育宗旨。“非问学道义之士，不敢泛接。”如果不认同书院的教育宗旨，就没必要扣门拜师了。

那么，湛若水理想的书院教育宗旨是什么？

一、“心性图”筑哲学基

要理解湛若水的书院教育宗旨，首先要了解他的哲学思想。一个教育家对培养人的看法，来源于他对世界的看法。特别是中国古代哲学，强调天地人合一，因而教育家要追寻人的道德起源和发展，必然要追问宇宙天地的起源和发展。他们要从宇宙天地的缘起，去寻找人类道德的至上性、普遍性和绝对性。

湛若水的教育思想是“随处体认天理”。那么，为什么需要和怎么才能够“随处体认天理”？这个答案就集中体现在他的心性图上。心性图是湛若水哲学思想的集中体现，他在图中主要表达了一个观点：“何为心学？万事万物莫非心也。”即是说，宇宙万事万物无不包含于心中，无不以心为本体。所以探讨心之所至的路径，也就洞悉了天地万事万物的天理。

下面就是湛若水的心性图。

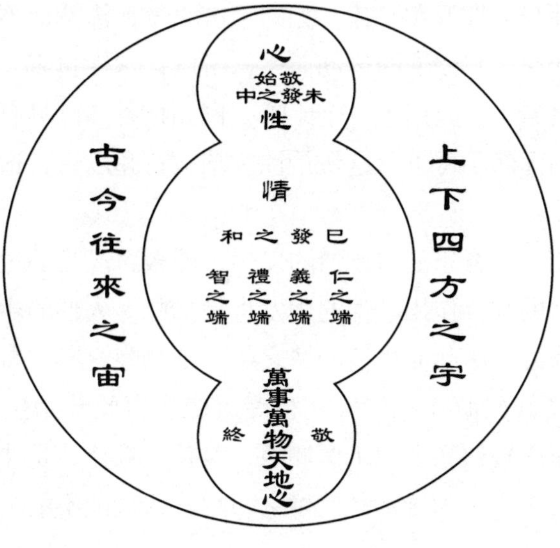

这个心性图，著一大圆，内有三个小圆。大圆的顶端和底端都标有一个心字，心由敬始至心之敬终，既表明心之所至的路径，也表明这其中的所有都为心所贯通。

大圆标明的是“上下四方之宇，古今往来之宙”，即此圆表示了整个宇宙自然的空间与时间，即整个的宇宙自然都为心所包容。

大圆内三个小圆相通，表示的是心的发展路径。第一个小圆代表心与性，是心性发展的初始阶段。即心的运动自敬开始，而性处于未发之中。此时之心性就是我们所谓的天性、人性、自然之性。第二个小圆代表情，性触物而发，由此而生情。情为已发之和，即情是多元的复杂的综合体。湛若水按儒家观点，在此注明仁之端，义之端，礼之端，智之端，即情为仁义道德之萌发。第三个小圆代表万事万物天地，即仁义又贯通于天地万事万物之中，心之发展至此以敬告终。三个小圆的运动，自心性开始向情逐步展开，最后贯通于天地万事万物，心之运动完成。

整个心性图形象地表达了湛若水的宇宙观。为了说明这个图，湛若水专门著有《心性图说》。在这篇文章中，湛若水系统阐述了他的教育哲学思想。

湛若水告诉人们，心性图的第一层意思是讲述心与性的关系，即教育发生的基础。教育发生的基础在哪？在心。心为什么能发展？在性。《心性图说》中讲到，性与天地万物一体，如同宇宙之气，浑然而不可见。心则是体认天地万物之元素。心因性的运动而生，所以，“性也者，心之生理也，心性非二也”。湛若水在此用了一个比喻，例如稻谷，已具有了生发的机能，但在未发之时则浑然不可见，这便是性。从教育角度讲，这也是人能够接受教育的生理基础。

心性图的第二层意思是讲述情的发生，即教育产生的过程。稻谷之生长得力于各种条件的综合作用，性的生发也是如此。人们的生活总要接触各种事物，性触物而发，由此而生情。情之生，则恻隐之心、羞恶之心、辞让之心、是非之心便开始萌芽，仁义礼智等道德也自此开始生长发展。说到这里，可能大家就比较熟悉了。所谓恻隐、羞恶、辞让、是非四端之说，来自孟子的性善论。孟子认为这乃是性善之四端，四端能不能扩充发展，则靠后天的努力。湛若水在这里继承了孟子的思想，也认为情之始发而为仁义礼智之四端，“端也者，始也，良心发见之始也”。

但“良心发见”却是有条件的。《心性图说》中强调：“是故始之敬者，戒惧慎独以养其中也。中立而和发焉，万事万化自此焉。”在这里，湛若水的观点与孟子有所不同。孟子强调的是四端的存养与扩充才是教育的过程，湛若水则强调性在生情的过程中就须有敬，因“敬”而“戒惧慎独”，才能“养其中”。性之“中立”才能有情的“已发”之“和”，即恻隐、羞恶、辞让、是非的共同萌发，也才有仁义礼智道德的养成。后来，湛若水进一步提出了真情与伪情的分别。他说：“发而中正，故谓之真情，否则伪矣。”如果始发不敬，养而不中，性触物就会产生伪情。只有发而中正，才能产生真情。也就是说，湛若水强调，教育的过程在性发之时就已开始，而不是像孟子所说的是在四端形成之后才开始。

而且，情发生的整个过程都需要一个敬字。《心性图说》强调：“终之敬者，即始之敬而不息焉者也。”这也就是教育产生的整个过程。

心性图的第三层意思，是讲述心与天地万物的关系，即教育发展的目标。关于教育目标的指向，传统教育观念对此有很多的说法，比如指向天、自然、天理、道德等。但湛若水认为，教育的最终发展是指向心。为什么？前面已经说了，湛若水认为，人性与天地万物一样都是气的运动，天地万物都是由气构成，人的精神也是气，是气之最精微部分。既然心性非二，那么人心与天地万物的存在就有了本质上的联系。所以既不能在天地万物之外去寻找“吾心”，也不能在“吾心”之外去寻求天地万物之理。他在《心性图说》中强调：“曰：‘何以小圈？’曰：‘心无所不贯也。’‘何以大圈？’曰：‘心无所不包也。’包与贯，实非二也。故心也者，包乎天地万物之外而贯夫天地万物之中者也。中外非二也。天地无内外，心亦无内外，极言之耳矣。”所谓中，即指人心；所谓外，即指天地万事万物。中外非二就是说心在天地万物中无所不贯，也无所不包。心既包容着天地万物，又贯通于天地万物。心无所不在，无时不在，与万事万物浑然为一体。既然中外非二，那么所谓天、自然、天理、道德等，也就是与心同体的内容。所以湛若水的教育哲学思想很简洁，教育发展的目标就是引导人们体认心。

一幅心性图，一篇《心性图说》，湛若水把教育思想的哲学基础落实到了人本身。性之发是人的自动行为，体认心是人的理想境界。这样的哲学基础给湛若水的教育思想带来了鲜明的特色，即强调人的主动精神，强调人在教育中的主观能动性。湛若水的教育主张实际是强调心是实现视听言动之生命活动的本原，它能够通过自身的认识功能，察觉天地万物的道理。也就是说，只要高扬人的主体精神，便可驾驭客观世界。这实际上便突出了人在教育中的主体地位。

了解了湛若水的这个心性观，我们就能理解他的“随处体认天理”了。

二、“随处”说立教育根

湛若水的“随处体认天理”，是他的书院宗旨的教育理论基础。

先讲讲“天理”。从教育角度讲，天理就是学习的内容，就是教育要追求的终极目标。古代教育家都重视对“道”的追寻，也就是对宇宙根本的追寻，因为这是社会秩序和人的道德养成的依据与目的。正如湛若水的心性图，也是对宇宙本原的一种探求。自宋代理学家的发凡，他们视天理为道的体现，由此认识天理、遵循天理便成为宋明教育家探讨道德修养的依据。所不同的是如何认识天理，各教育家，自宋代延至陈献章、湛若水、王守仁，其教育思想的发展都是围绕这个问题而展开。

湛若水的心性观认定，既然心与天地万物同体，既然心能主动体认天地万物的道理，那么认识天理就应该不限于何人何时何事，人人都具有体认天理的可能性和必要性。湛若水在陈献章的启发下，对宋代理学家的教育思想进行了认真的取舍，最终提出了独具特色的“随处体认天理”。他认为，所谓天理，从尧舜以来至于孔孟，无论是说“中”，说“极”，说“仁义礼智”，无论身处何时，在这些千圣千贤的大头脑处，说的都是天理的精微。这说明，无论是在日常生活中，还是在赶车、劳作中，任何人只要加强自我涵养，天理都能于心中体认。这就是湛若水的“随处体认天理”。

那么，“随处体认天理”具有怎样的教育理论意义？

古今教育理论虽然千差万别，但都离不开两个最基本的问题，即培养什么样的人与怎样实现培养目标。湛若水的“随处体认天理”也对这两个基本问题给出了答案。

第一个问题，培养什么样的人。要回答这个问题，必须要解决知识问题，即教育所传授的知识适合怎样的群体；还有教育权利的问题，即什么样的人能够享受教育权。湛若水对此的答案是，人人都可体认天理。

首先，湛若水认为，天理是人人都可体认的知识。他的理由来自他的“理气一体”说。他认为，气为宇宙万物之本源，“宇宙间只是一气充塞流行”。气之运行，带来宇宙间的一动一静，分阴分阳，看似二物相对，其实就是一物而两名而已。气之消长迭运，其实就是自然之道的运行。人们将其消谓之静，谓之阴，将其长谓之动，谓之阳。亘古亘今，宇宙间只是这气的动静消长。湛若水说：“观天地间只是一气，只是一理，岂常有动静阴阳……夫道一而已矣”，“古今宇宙，只是一理，生生不息，故曰动静无端，阴阳无始，见之者，谓之见道”。意思是说，从本质上讲，宇宙天地之间理气只是一体。气之动静无端，阴阳无始，生生不息，其实就是宇宙天地之理。认识到这个道理，便是认识了自然之道。

中国古代哲学，总是带有直观性。湛若水正是从直觉的切身体验中，体悟到人与天地万物一样呼吸着天地间同一的气，由是推导出“天地人合一处”的道理。他说：“人如何谓天地之心？人与天地同一气，人之一呼一吸，与天地之气相通为一气，便见是天地人合一处。”既然人的呼吸与天地之气相通为一气，那么，人即为天地之心，体认天理便成为可能。这种知识不为某些人所独有所独断，是人人都可体认的知识。

其次，既然理气一体，那么所有承气运行的人也就具备了体认天理的生理基础。在湛若水看来，人与天地万物一样，都是气的运行的产物。例如人的身心躯干须仰赖气的流贯，宗族血缘关系是气的一脉相承，就是人的思想感情也是气的应与求。“气为天，体为地，血者承气以行乎天地之间者也”。气不仅造就了人的形体躯干，而且贯之于心，发之于声，于是有了音乐、诗歌的产生。音乐、诗歌不仅是心的思与情，还是气的应与求。“同声相应，同气相求。”人们对音乐、诗歌的感应，本质上就是对气的感应。这说明每个人都具备了接受教育的可能性。

再次，既然所有的人都具备了接受教育的生理基础，那么人人也具有了体认天理的权利。湛若水认为，体认天理绝不是读书之人的专利，也不是古代圣贤的专利。因为人的本心是度越古今圣愚的，心的本体不分古今圣愚，都是相同的。“天地间凡万物有生者，皆我之与，即浑然与天地万物为一体之意。”意思是说，天地之间所有人，都能像我所获得的一样，浑然与天地万物为一体。这就是“性相近”。既然“性相近”，那么体认天理便人人可为，处处可为，时时可为，事事可为，人人所享受的教育权利就应该是平等的。

至此，湛若水“随处体认天理”理论对培养什么样的人的问题就给出了明确的答案。我们也就可以理解湛若水为什么要强调天理是普遍存在于日常生活之中，是可随处体认、随时体认的。当时也有人质疑说，贫富之人，地位不同，生活感受不同。贫困之人常有怨言，富贵之人常逞骄气，要让他们做到无怨无骄很难。湛若水回答说，所谓难易，其实是局限于其地位而言。如果从体认天理的角度，由于人心之同一，于此所得则是平等的，“何有于贫富？”只要不将贫富地位挂于心上则无怨无骄。

第二个问题，怎样实现培养目标。不同的培养目标要运用不同的培养方法。传统教育的主流是培养统治人才，因而必须用经朝廷钦定的统治文化，采用强制的手段，靠死记硬背的方法逼迫受教育者接受那一套统治者的信条。湛若水的培养目标却有着普适性，指向所有人，由此他的培养方法更多地强调自主性。

首先，湛若水的“随处体认天理”强调教育主体的自主。由于他主张理气一体，所以心对天地万物的贯通与体认决定了道与心的合而为一，湛若水由此提出了“道、心、事合一”的主张。湛若水把气作为万物本原，最终又以心为本体，认为心、性、理、天一体无二，都包容于心中。心的本体是永恒的、普遍的，以心统道，所以道与心合一，一体无二。这就确立了心在天地万物中的主体性和贯通性，也就决定了人是教育的主体。

其次，湛若水的“随处体认天理”决定了教育资源的自主。湛若水认为，既然道与心合一，那么“天理”就是“心之生理”，是心之主宰。他说：“天理只是心之生理，如彼谷种，仁则其生之性，仁即是天理也。心与理何尝有二？”这里说的“仁”，即古人所赞誉的生生之性。古人认为，宇宙之流转，万物之生育，乃是自然之仁心最集中的体现。例如谷种，谷种就蕴含了生生之性，即发育的生理基础。例如鸡卵，鸡卵中如果没有生化的种子，无论如何是孵不出小鸡来。心也是如此，仁即是心的“生之性”，一切人伦道德，譬如亲亲、仁民、爱物等，无不由此流出。我们熟知“人之初，性本善”，就能理解湛若水这话的意思了。湛若水强调，仁即是天理，所以天理是心本身所固有的生生之性。这个天理，是人生而固有的，原本就存在于人心，是人心生发展开的基础与本质。从这个意义说，心与理是合一的，“心即天理”，心外无理，理在心中。所以，万物与天理全在人心，人心之理全是万物之理，万物皆备于我。据此，湛若水认为每个人心中都有这样一颗能够生发的“种子”，关键是要能“识种子”。“何谓种子？即吾此心中这一点生理，便是灵骨子也。今人动不动只说涵养，若不知此生理，徒涵养个甚物？”所谓“识种子”，就是要认识自己心中的“这一点生理”，认识心中的生生不息之性。所以，体认天理也就是“识种子”的功夫。

再次，湛若水的“随处体认天理”决定了学习方法的运用是自主的。湛若水强调，体认天理有个先决条件，那就是每个人须涵养，须用功。这个“涵养”“用功”都是自主自为的，而不是别人代为的。湛若水说：“天理亦不难见，亦不易见，要须切己实用，必有事焉而勿正工夫，乃可真见。”这里说的“勿正工夫”，是指孔子所言的，非礼勿视，非礼勿听，非礼勿言，非礼勿动。湛若水认为，体认天理的难易，关键看自己能否切实用功。如果在实际生活中、在具体工作中都坚持“四勿工夫”，那才可真见得天理，否则也只是说说而已。比如，只有酒醒了才知道刚才是喝醉了。明明看见了路在前面还不肯走，这或是见之未明，或为其他因素所羁绊。“若欲见之明，行之果，须是将习心打破两层三层，乃可向往也。”要做到见之明，行之果，就必须去寻找克服阻碍的办法，将那阻碍之“习心”打破个两层三层，才可能坚定地走下去。这里讲的将习心打破个两层三层，就是涵养、用功的意思。

但是，涵养功夫绝不是靠单纯的静坐所能获得。当时学术界流行一种观点，即须静坐悟道。包括湛若水的老师陈献章，也有过“静坐中养出端倪”的主张。湛若水不同意这种观点，他认为动与静不是截然分割的，不是对立的，而是“一段工夫”。静处时用功，就已经是在动处了。所以，体认天理是动静交养的功夫。他说：“圣贤之学，元无静存动察相对，只是一段工夫，凡所用功，皆是动处。盖动以养其静，静处不可着力，才着力便是动矣。”也就是说，静处之时，只要你怀着一种意念，只要你在用功，这就是在动了。湛若水很欣赏孔子所提倡的“居处恭”“执事敬”“与人忠”，这些都是在动与静、心与事的合力状态下的体认。例如怀着恭敬之心居处，就是于无事静坐时在体认。怀着恭敬之心去从事工作，怀着信用之诚去与人交往，这些都是动静一致的体认。所以，“体认之功贯通动静显隐，即是一段工夫”。只有时时坚持涵养之功，无论动处、静处都能实现体认天理。

最终的结论，湛若水认为，人们对天理的认知应不受时空的限制。从空间上说，“随心、随意、随身、随家、随国、随天下”，无处不可认知天理；从时间上说，无论动、静都可以体认天理。《明儒学案·甘泉学案一·语录》有三段话很能说明这个道理：

> 无在无不在，只此五字，循而行之，便有无穷难言之妙。白沙先生所谓“高明之至，无物不覆，反求诸身，不在乎人欲也。无不在者，无不在于天理也”。
>
> 鸢飞鱼跃，与参前倚衡，同一活泼泼地，皆察见天理工夫。识得此意而涵养之，则日进日新，何担阁之云？不可分为二也。
>
> 心熟后，虽终日酬酢万变，朝廷百官万事，金革百万之众，造次颠沛，而吾心之本体，澄然无一物，何往而不呈露耶？

这三段话，一个核心点就是“无在无不在”。天理是无在无不在的，体认也就无在无不在。在日常生活中，时时、处处、事事，都可体认天理。“心与事应，然后天理见焉。”无论是“静处”，还是“动处”；无论是

“鸢飞鱼跃”，还是“参前倚衡”；无论是“无事时不得不居处”，还是“酬酢万变，朝廷百官万事，金革百万之众”，随时，随事，都是察见天理的功夫。在湛若水看来，体认天理是对世界的认知，以及对自身心性的涵养，对每个人来说，都是必需的。所以在静坐、读书，以及应酬日常事务之中，在与人交往的种种活动中，包括在田野中劳作的百姓，忙于公务与应酬的官员，驰骋沙场的将领与士兵，统统都可以体认天理。

这个道理，湛若水对大科书院的学生作了特别的强调。当时流行的教育价值取向，以读圣贤经典、博取科举功名为尚，对有助于国计民生的致用知识不屑一顾。湛若水不同意这种观点。他说：“吾儒学要有用，自综理家务至于兵农、钱谷、水利、马政之类，无一不是性分内事，皆有至理，处处皆是格物工夫。以此涵养成就，他日用世，凿凿可行。”湛若水强调，学习这些致用知识，从综理家务，到治理国家的兵农、钱谷、水利、马政之类，都是“性分内事”，都有天理的体现，都须下格物的功夫。所以在学习中不要忽视了这些致用的本领，更不要忽视了从中涵养心性，因为将来用世，正可派上用场。

例如有一天，湛若水与学生在大科书院附近的垂虹泉旁所置学田收割庄稼。这些田有数十亩，平日由雇工耕种，收割时，湛若水则与诸生下田劳作。这些庄稼有撒播的，也有插播的。他们看到撒播的田地里庄稼长得稀疏，插播的田地里庄稼长得稠密，于是便向雇工请教。雇工说，这关键在时节。时节过早则撒播的收获就少，如果时节较晚则撒播的收获也多。插播的结果刚好相反。如果时节早，插播的庄稼收获多，如果时节过了其收获也必然少。湛若水听后对学生说：“其天地乘除之理乎！于耕获之中有学焉。弟子识之，何思何虑。”意思是这就是大自然中蕴藏的天理啊，即使在耕种、收割中也有丰富的学问。湛若水不失时机地要求学生从中领悟随处体认天理的道理。

由此可见，“随处体认天理”这个命题所彰显的教育理念，就体现在教育的自主性和教育的普适性。所谓教育的自主性，是说天理的体认是“自家体认”，无须外求。“天理”是为学的根本，“体认”是联结心与事的精神活动，是体察、默识的求学功夫；“随处”则指不分内与外、动与静、心与事，随时随地皆是一个功夫。所谓教育的普适性，是说天理的体认是人人可为，事事可为，那么教育就不再是某些人的资本和特权。正如湛若水所说："吾之所谓随处云者，随心、随意、随家、随身、随国、随天下，盖随其所寂所感时耳。"可见，"随处体认天理"的教育理论打破了传统教育用统治文化、以培养统治人才的特权教育垄断教育的格局，也就适应了明代广东正在兴起的乡村教化运动的需要。

三、"学心"旨树书院旗

了解了湛若水的心性观和教育观，接下来的问题是，教育在促进人们体认天理时该发挥怎样的作用？前面说过，湛若水认为，性触物而发为之情，然情有真伪之别。性发之中正才能产生真情，才能萌发恻隐、羞恶、辞让、是非之端。所以湛若水在确定书院的教育宗旨时，用了四个字，即"学心而已"。所谓学心而已，就是湛若水一再要求人们的"识种子"，要认识和涵养能促进人心生长的那一点"生理"，即求心之中正。

湛若水在《圣学格物通》中说："夫教学之道，莫过于仲尼。而仲尼之道惟在乎四勿。夫四勿者，圣人之心学也。盖视听言动，事也。勿之者，心也。夫圣人之学，惟在于性情正，其性情者，心而已矣。"

这可能是湛若水对教育本原最精辟的阐述。他从孔子的"四勿"追寻到中国传统教育理论的源头，并用自己的心学理论进行了解读。凡视听言动，皆为行为之事。凡非礼之事，皆会贻误性情，所以必须从这些行为之事上把关。"圣人之学，惟在于性情正，其性情者，心而已矣。"这就是湛若水"学心而已"的理论根据。

为什么湛若水特别强调孔子的"四勿"功夫？因为性触物而发，人们在生活中的视听言动，经常会受到物欲的误导，导致性之运动不能养之中正。所以"学心而已"的根本任务就是"养心"，就是防止物欲的误导。

所以，"学心而已"首先是要人们"大其心"。所谓大其心，就是要让人心中所固有的天理种子在人性中取得主导或支配性的地位。湛若水说："大其心，然后能全体天地之性。故曰：'尽其心者，知其性也。'"性乃心之生理，大其心就能从整体上把握天地之性。因为心之广大，即使有物欲遮蔽之，遇物欲误导之，也难以遮挡性之趋向善端。如果心小，就犹如一面小镜子，一个小物件就能将它大部覆盖，剩下那一隙之明，能照见的地方就很小了。由此可见，湛若水的“大其心”，就是强调让人心中所固有的“心之生理”“种子”等不断地放大，不要让物欲把心给遮蔽而祸偏之。所以，湛若水很赞同孟子的“尽心、知性、知天”的理论思路，认为只有“大其心”，才能全其性，才能体认天理。他说：“明乎此，然后存养有所措，学之能事毕矣。”

与之对应的则是“小其心”。心小，就很容易被物欲遮蔽。有学生问：“心为事所累，何也？”湛若水回答说：心为一事所累，显然是心小的缘故。如果你去察见天理，方能使心廓然。湛若水进一步分析说，所谓心者，并非只是指腔子里那方寸之空间，也不是仅仅局限于对所遇之事的应付，无事则不去用心。如果是那样，那就是心小了。“若平时无存养工夫，只到事来面前，才思寻讨道理”，这心必然会被遮蔽，必然会为事所累。

要“大其心”“学心而已”的第二个方面就是注意“养心”。由于天理为心所固有，所以“养之中正”就十分必要。有学生求教，善端之“扩充”的涵义，湛若水回答说，这绝不是靠外力，靠外增量所能做到，“存而养之，养则生，生则大，大则广，广则塞”。就是说，要将内心的善端“存而养之”，使之扩充至大而配天，至广而配地，最终能充塞天地而致万化生生不息，这个过程的完成完全靠内在的“养心”。这就好比种树，只要根固而养之，则发而茂，茂而实，则一发而不可收，蓬勃生长。这就是扩充。

又有学生问：我平时的学习已经存之于心了，那为什么还要注重“养”？湛若水说：“夫性根于中，其人之元气乎！其草木之根乎！人之元气必谷肉之气以养之，草木之根必培灌以养之。故天之生物也，鼓之雷霆，润之风雨，其养之者与其元气一也。况人之义理根于性，不学焉则息，息则不能生。生生不已，以至于光大也。”这段话的意思是说，性根本于中正，这是人的元气所在，犹如草木之有根。草木之根还须培灌以养之，人之元气也须谷肉以养之。天之生物要靠雷霆风雨之滋润，何况人之心性，更须靠不断地学习加以滋养之。一日不学则一日不能进步，一日不能进步则不能继续发展。只有生生不已，才能求心之光大。

还有一段对话，也是讲的这个道理。一天，湛若水对学生们说："人之有是元气也，无天地之气以养之，可乎？"大家回答："不可。"湛若水继续问："无饮食之气以养之，可乎？"大家回答："不可。"湛若水再问："不喘息焉，不饮食焉，可乎？"学生们回答："不行啊，那不都死了吗？"引导到此，湛若水语重心长地说："人之良知，其犹元气乎！学问以养之，其譬诸喘息饮食之气乎！养则生，生则发。"湛若水在这里与学生讨论心之良知的存养。他的提问从人之呼吸、人之饮食等生理层面一层一层地递进，以探讨人的存活条件，最后进入到人的精神层面点题：心之良知则须靠学问以养之。

学问以养心，进而引出"学心而已"的第三个要素，即格物。按传统的观点，格物的目的是致知，但湛若水认为格物仅仅到致知的层面还不够，他由此提出了"事上磨练"的主张。有学生问："何谓格物？"湛若水说："物至而后义生，义生而后知有所措。"这里的"物至"，指性触物而发之"物"，通过格物，才知道什么是正确的。这里的"措"，也不是简单的把握和处理，而是进一步实践，即"事上磨练"。上文已讲到湛若水强调要在事上、磨练中坚持"四勿"，这就是格物的真正意义。湛若水是站在心学理论的角度来看待格物的。因为性之生发是触物而发，触物既不可避免，要做到性发中正，达到"心体物而不遗"的效果，就必须在格物时有义利的判断。在义利的判断之后，必须继续行动，才能探索到事物之理，这才是真正的格物。湛若水说："穷也者，极至之名。知至行至穷其理焉。性尽而命至矣。其古人所谓格物乎！"湛若水的意思，格物不能浅尝辄止，不能迷惑于表层的图像。无论是求知还是实践都要追求极致，方能达到"性尽而命至"的境界，方能体认到天理，这就是格物。

这大概是古代学者对格物最透彻的解释了。由于湛若水坚信"道心事合一"，所以他注重"事上磨练"，注重要求学生在行动上须达到极致的地步。郑启范曾经对湛若水说："我向来不敢用圣贤的标准要求自己，去做一个有别于乡人的人。听了你的话，我现在有信心了。"湛若水说："圣贤并非与外人有什么不同，所不同的只是他们能用圣贤之标准要求自己，这样才能尽性，尽性然后能成人。哀莫大于不能成人，这才是特别要记住的。”

“学心而已”的根本目的是达到“心有主”，即让心之中正在人性中取得主导和支配的地位。有学生问：平时修身，在言行上可以做到谨慎小心，但在视听方面较难办到。是不是可以用读书来避开，或者以丑恶的标准来看它，或者知其非礼而不再视听？湛若水对这些做法都予以否定。他说，关键在心中有主见，心中有主见而外物不能入。只要心中有主见，才有定力，有定力而外物不能入。他还说：“心有主而后和乐生焉，存之又存，反身而诚，乐莫大焉”，“乐由敬生”。湛若水认为，坚持存养，心有主见，那些丑恶的东西、非礼的东西都不会来烦恼自己了，心中的愉悦便油然而生，才能感受到体认天理的快乐。“乐由敬生”，“敬”字贯穿于心之发展路径之始终。

为了实现“学心而已”的教育宗旨，书院教育就必须树立正确的办学导向，湛若水称之为“动心乎天”。所谓动心乎天，就是要在书院办学中确立心向天理、心求天理的价值取向。也就是说，书院教育要宣传、要树立“动心乎天”的学习风气，让学生浸染在这样的学习氛围之中。

有学生问：“动心与不动心有什么不同？”湛若水说：“心动乎天则生，故欲其动。心动于物则死，故欲其不动。是故能动心而后能不动心，能动之至可贤，不动之至可圣。”这里的“天”指天理。所谓“心动乎天”，就是心的所思所想要以天理为依归。所谓“心动于物”，则是指心的所思所想离开了天理，为物欲所动心。心动乎天则生，心动于物则死，明白这个道理就清楚了动心和不动心的选择。只有做到动心于天，才能做到不动心于物。动心于天可以成就贤人，不为物欲所动心则可成为圣人。所以，湛若水说：“人能动心而后能存心，能存心而后能养性。”为什么呢？湛若水告诫学生，人心怕知，知故警，警而动德性，由此心性趋于坚定。所以“动心忍性，其入道之门也与”。在学生刚入书院大门之时，能受到“动心忍性”之学风的感染，才能为以后的学习打下基础。

为了进一步理解湛若水的“学心而已”，这里再介绍他写的《求放心篇》一文。对这篇文章，当时社会还是颇有争议的。湛若水在《题黄中丞公求放心轩》的序中谈到了这种情形，他说：当年，有志于圣贤之心学，又感叹于世间学者失之于求心，因作《求放心篇》。文章一出，在学术界引起反响。有恶而摈之者，有疑而议之者，也有知而敬之者，还有敬而信之者。其中如黄中丞之相信尤笃，甚至还以“求放心轩”命名自己的书斋。湛若水于此特别感慨。那么，湛若水的《求放心篇》的主旨精神是什么？

“求放心”是孟子的教育主张。孟子从性善论出发，认为知识的获得没有什么其他途径，不过是把人们所固有的善心找寻回来罢了。但社会上却把这一观点理解为“放心”是一回事，“求”又是一回事，这样便误导成以心求心的偏颇。湛若水觉得有必要澄清这个问题，于是写了这篇《求放心篇》。

这篇文章大致表达了三个观点。第一个观点，心的本质是什么。湛若水在文中谈到了“虚”“灵”的概念。这里的虚不是释家的“空”，而是指天地之初，宇宙尚是一种虚无、万物尚未成形的状态。湛若水接受了宋代儒者张载的观点，认为“虚无即气也”，虚无是指气所表现出来的“散”而未“聚”的“太虚”状态。宇宙的变化是由无到有，由微到著的变化，湛若水把它概括为“虚则气聚，气聚则物生”。人心也是如此。在未接触物之前，是“洞然而虚，昭然而灵”。在接触物以后，则“窒然而塞，愦然而昏”。就是说，心的虚灵状态，是它的本质，是它的本体。第二个观点，心的被蒙蔽，是在接触物之后，但它的本体还在，“一朝而觉焉，蔽者彻，虚而灵者见矣”。一旦回归初心，蒙蔽之物就消失了，人心的虚灵状态再现。这就强调了“学心”的必要性和重要性。第三个观点，所谓“求放心”，给人们的思想带来了混乱。如果“求”为一心，“放”为一心，以心求心，“只益乱耳”。唯一的做法，“欲心之勿蔽，莫若寡欲，寡欲莫若主一”。要使心不被蒙蔽，最重要是要寡欲，而要做到寡欲，关键要心志专一。也就是说，“学心”由寡欲而去蔽，欲寡欲而须“主一”，这就是湛若水“学心而已”书院教育宗旨的真谛。

四、“先立志”为学之本

要“主一”，必先立志。书院确定教育宗旨的目的是要督促学生立志。前面讲了，湛若水在办大科书院时就强调：“若非问学道义之士，不敢泛接。”书院大师手订书院讲学宗旨，是要体现独特的学术追求和办学方针。因此学生必须立定跟随导师学习的志向，方可扣门拜师。湛若水在《大科书堂训》开宗明义强调：“诸生为学，必先立志。如作室者先固其基址乃可。志者，志于道也。立之是敬。匹夫不可夺志，若其可夺，岂可谓之志？自始至终皆是此一字。”

立志是自孔子以来教育家们所一致强调的教育信条，孔子的“三军可夺帅也，匹夫不可夺志也”成为历代仁人志士的道德信念。湛若水则从“宇宙一气”的角度，认为志为气之精灵，是主导人们行动的统帅。他说：“志气不是两物，志即气之精灵处，志之所至，气亦至焉。”比如志欲手持物则持物，志欲足行路则行路，足见志之所至，气亦至焉。所以湛若水强调：“志者，气之帅也。知持志则百体从”，所以必须“持志以养气”。

正因为志为气之帅，因而立志必须知本。这犹如建房子之打地基，本固则方向明。湛若水在给郑启范的信中说：“夫学以立志为先，以知本为要。”他看到，不知本而能立志者，未之有也；立志而不知本者则有之矣，但那不是真志。如果志立而知本者，其于圣学思过半矣。所以，知本则志立，志立则心不放，心不放则可以恢复本性，本性复则分定，分定则不为外物累于心性。如果不知本，不立志，就会在学习中放者一心，求者又一心，忧怒之累无穷矣。所以，立志是为学的前提，知本是立志的重要条件，二者必须有机结合。

立志之本在哪里，湛若水的话很简单，即志于道，志于终身体认天理。他对大科书院的学生要求：“诸生用功须随处体认天理，即《大学》所谓格物，程子所谓至其理，将意、心、身、家、国、天下通作一段工夫，无有远近彼此，终日终身，只是体认这天理二字。”这段话很明确，无论是个人修身，还是综理家务，还是治国理政，立志之本在体认天理。

有番禺人甘于盘，性行高洁，有志于圣贤之学，放弃科举之业，来到西樵山拜师湛若水，苦志力学。一次，甘于盘与湛若水交谈，谈到自己的不足，问道：“我想改正自己的这些缺点，有什么办法？”湛若水说：“先立乎大本则自去矣。”甘于盘追问：“何谓大本？”湛若水说：“在存天理。故曰：好仁者无以尚之。”

湛若水这里说的“好仁者无以尚之”，就是说只要崇尚仁之道德，你就不会再去追求其他的志向了。这就是“主一”的效果。上文已讲到，“主一”就是让心之中正成为心的主导和支配。湛若水强调，立志乃是追求人心“主一”的前提和基础。郑启范请教学习之要，湛若水说：“执事敬，其内外一本之道乎！”上文讲到湛若水很欣赏孔子“执事敬”的工作态度，他要求学生都能以恭敬之心去从事任何工作。只有“敬”才能“一”本之于道。郑启范再问“敬”，湛若水回答：“主一。”再问“主一”，湛若水回答：“无适。”无适之意在不随波逐流。范启范再问“无适”，湛若水回答：“无物。是故君子应万事而不与，故能一。”要做到不随波逐流，关键又在不被物欲所引诱。这一番对话，层层递进，湛若水的主旨就是一句话，能应万事而不随波逐流，有定力，有主见，这就是能“一”了。还有一次，郑启范问“本立”。湛若水说：“其天下之大本乎！”再问“道生”。湛若水说：“其天下之达道乎！大本立矣，达道生焉。譬诸木，其根深则苗而秀，秀而实，不可遏焉耳。”这里又是以根固而苗秀果实为喻，湛若水强调，立志只有以天下之大本、天下之达道为志向，才能像根深苗秀的树木一样，茁壮成长。

所以湛若水相当重视学生的“一志”。他说：“学莫先于立志矣。夫子之志学以至从心皆一志也。立志而后学问思辨笃行焉，以成之。”也有学生问：“如果遇上人言之诋毁，事势之颠踬也，则如之何？”颠踬，指曲折，不顺利，甚至被绊倒。湛若水回答说：怕就怕你不立志啊。“志立者其譬诸固本之木矣乎。雨露养之，霜雪亦养之。惟霜雪而摧败者，本可知之矣。夫诋毁、颠踬也，其坚志之助也，匹夫不可夺志。”志立者犹如本固之树木，即使风霜雪雨也只能使它更坚强。所以，如果有志，即使遇上人言之诋毁、事势之颠踬，也只会更加坚定你的志向。

还有学生提出这样一个问题：“我看见朱熹晚年之时，开始后悔以前强调读书，于是放下书本以求其心，得到了真切的感受。”湛若水回答说：“我对这个说法感到很困惑，怎么能把读书与求心分开来思考问题？心与书合一而后可学古训，可学古训而后可发聪明。故合一才能养志，分开只能丧志。合一才能做到‘执事敬’，分开只能徒劳耳目。”

那么，立志的“主一”，这个“一”在哪里？湛若水认为在心学。他说：“用中，择中庸，与允执厥中，皆在心上，若外心性，何处讨中？事至物来，斟酌调停者谁耶？事物又不曾带得中来。故自尧、舜至孔、颜，皆是心学。”其意思是说，圣贤在道德修养中所讲的“用中”“择中庸”“允执厥中”，其实都是指向心，都是人之所为。事与物之来，谁在斟酌，谁在调停？事物本身何尝带得“中”来？所以自尧、舜至孔子、颜渊，都是从心性处寻求“中”，崇尚的都是心学。湛若水这番话，就是要学生一志于心学。

湛若水还告诫学生，要做到“主一”，立志本身就是学习的一段功夫。湛若水把它视为“立之是敬，匹夫不可夺志”，持敬的过程就是立志的功夫。有学生问湛若水：“你教人关键学什么？”湛若水说：“其敬乎！”接着追问学生：“你认为应如何做到敬？”学生回答说：“专一。”湛若水继续开导说：“这一时专于一事，不久又迁于他事，可谓敬乎？”在湛若水看来，持敬就是专一而不迁，如果没有持敬之态度，就会随事而志不定。所以有学生跟他讨论“诚自成”“道自道”的问题时，湛若水强调说：“有其诚则有其人，无其诚则无其人。无其人则生理息，生理息则物我丧。哀哉！是故，诚也者，成也。”这里的诚，也就是敬。湛若水说：“诚、敬一也。能敬则诚矣。”只有诚敬才能成就一个人，如果无诚敬，其心中生理息，即人心固有之天理就会被物欲所丧失。所以，诚也者，成也。

持敬之所以重要，还在于学习心学避免不开“煎销习心”的过程，这也是立志的重要环节。“习心”我们在前面已经接触了，即湛若水要求两层三层打破的那个东西，也就是指心被气习物欲所蒙蔽的东西。而“煎销”则是指以炉火冶炼铅铜以去其杂质。“煎销习心”就是要像炉火冶炼铅铜去除杂质那样把心中被气习物欲所蒙蔽的东西打破。这个过程很艰辛，没有“敬”之态度是不可能做到的。

前面我们已经介绍过了湛若水的《求放心篇》，他强调人的本心是明莹光照的心，由于受到气习物欲的蒙蔽，心被昏塞，难以体认天理。“煎销习心”之所以必要，是因为要恢复心的原初的光明状态，唯有洗刷和清除其蒙蔽在心的气习物欲。由于这种气习物欲不会自动退出，所以必须依靠强有力的煎销方能清除。他说：“认得本体，便知习心，习心去而本体完全矣。”

就是说，天理与习心是一对你进我退的矛盾体，煎销习心，便是体认天理功夫。习心消一分，天理就长一分。见得天理时，习心便退停。这就是煎销的功夫。湛若水说：“如煎销铅铜，便是炼金，然必须就炉锤，乃得炼之之功。”如果回避煎销，一味求静，就好比置金于密室，不就炉锤，虽千万年也，只依旧是顽杂的金。

所以煎销习心，从书院教育的角度讲，就是要学生调整和修炼学习的志向。湛若水看到，诸生为学，最大的问题是心不定，所以要像煎销金银，通过学问思辨行的功夫来求得心正意诚。他说：“习心即是人心。心原来只是一个好心，其不好者乃气习物欲所遮蔽耳。只有将习心除尽，则本体才能广大高明。”而气习物欲能否从心中清除，全赖道德主体的煎销自觉性。有学生问：“习心除不去，怎么办？”湛若水回答：“其根深也，廓而清之，久则除矣。”只要煎销的自觉性越强，体认天理的愿望越炽热，持之以恒，习心便能去除。

所以，湛若水强调，煎销习心是一个艰苦的道德磨练过程，它贯穿于人生的全过程。它是以善克服恶的过程，是天理战胜非天理的过程。它靠平日的一事一事的展开，这其间的矛盾与冲突，犹如炉火中锤炼铅铜一样，充满了艰辛的磨练。只有坚持不懈，方能对天理有整体的体认，方能内化成道德品性。

湛若水还将煎销习心比喻为庭院除草。他在禺山书院除草的劳作中有所感触，于是写了一首《禺山除草吟示同志》：

> 窗前草不除，吾除惟恐后。不除恶草根，芝兰安得茂？
> 兰德馨通天，草秽虫蛇薮。无为无不为，自取为何有。

陈献章曾经写过一首诗：“一洗天地长，政教还先王。再洗日月光，长令照四方。洗之又日新，百世终堂堂。”湛若水将此诗列入教材供学生阅读，他告诉学生，老师说的“洗心”就是煎销习心。他说：先生为什么将洗心与天地、日月、四方、百世、先王、政教这些东西联系在一起？因为人的此心此性与天地万物浑然同体。如果人心与上下四方之宇、古今往来之宙无法浑然一体，那么此诗就是强调人如果能一洗其心，则天地常清宁矣，政教还先王矣。再洗之，则日月合明而照四方矣。又洗之，则此道流行百世不衰矣。湛若水期望学生，如能把气习物欲在道德修养所设置的炉火中完全消融化尽，心明照而光鲜，就能带来天地清宁，世道清平，这就是圣人之功啊。

综上所述，湛若水从他的心性观而推出“随处体认天理”的教育理念，从而提出了“学心而已”的书院教育宗旨，并要求学生由此立志，专一向学，整体展现了其书院教育理想的蓝图。《明儒学案·甘泉学案一·语录》中一段话更是集中地表达了他的教育追求：

> 天理是一个大头脑，千圣千贤，共此头脑，终日终身，只是此一大事，更无别事。立志者，立乎此而已；体认是工夫，以求得乎此者，煎销习心，以去其害此者。心只是一个好心，本来天理完完全全，不待外求，顾人立志与否耳！孔子十五志于学，即志乎此也。此志一立，三十、四十、五十、六十、七十，直至不逾矩，皆是此志。变化贯通，只是一志。志如草木之根，具生意也。体认天理，如培灌此根；煎销习心，如去草以护此根。贯通只是一事。

第三章

书院管理，皆本礼仪

书院宗旨既定，接下来的任务便是贯彻落实了。怎样才能使书院成为涵养心之中正的场所，让学习成为涵养心之中正的活动，湛若水的书院管理理念独具匠心。

凡行教育者，都十分注意学习的组织管理。管理就是教育，这是自《学记》面世以来古代教育家所倡导的优良传统。当年朱熹在白鹿洞书院讲学，就直言官学的管理制度已经丢弃了儒家教育传统，他说："近世于学有规，其待学者为已浅矣，而其为法，又未必古人之意也，故今不复以施于此堂。"就是说，官学所使用的那些学规都缺乏一种精神，只是一些条文。要将这样的东西作为管理的依据，都不符合古人育人之意。于是他"特取凡圣贤所以教人为学之大端"制定了有名的《白鹿洞书院揭示》，展示了书院管理追求道德生命的理想，奠定了书院学规的精神基础和发展方向。

但白鹿洞书院学规也有不足之处。学规中所提出的五教之目、为学之序、修身之要、处事之要、接物之要等虽十分精到，却缺乏下手用功之处，在学习与生活的具体操作层面未能指示方向。最早指出这一不足的就是湛若水。他说："以白鹿洞虽出于大儒之手，而止可论理为名言耳，恐无下手用功处也。"所谓"下手用功处"，就是书院学子为践履圣贤之学所应遵守的行为操守。湛若水认为，朱熹的书院管理缺失了促使学生去实践圣贤之学的措施。他看到，在书院学习与日常生活中，学生应该怎样与老师、同学、家人交往，应该怎样衣食住行，都是学子实践圣贤之学的"下手用功处"。特别是湛若水强调“随处体认天理”，那书院生活的这个“随处”就绝对不能错过。而且从学习角度讲，学生来书院学习仅仅记诵一些至理名言是不够的，还必须通过书院的生活实践去体认天理，才能真正领悟心学的真谛。所以，书院教育就要督促学生在这种“下手用功处”着力。这是书院教学的理论与实践之结合处，是书院管理的理想与现实之契合处。基于这一考虑，湛若水认为要发挥书院管理的力量，就要发挥制度规范的作用。

一、立中正示行之轨

湛若水书院管理的第一个动作就是为大科书院订立了训规。湛若水认为，一个学习组织的成功之处在于组织成员共同生活在明确的制度规范之中。他说：“田以基之，教以成之，君臣、父子、夫妇、兄弟、朋友相接于礼而化于道，上下联属而不可解，和气致而天地位，此之谓盛德。”所谓相接于礼而化于道，就是说，组织成员必须相处于符合礼的规范的制度之中，才能形成共同的、合于“道”的主流价值观。湛若水在这里讲了两层意思：一是一个组织的运作必须要有一套制度，二是这个制度必须要以礼为本。

由此，湛若水提出了“定训规，立中正”的书院管理理念。所谓训规，是书院规范学生行为的管理制度。所谓中正，其实就是心之中正。以训规求学生的心之中正，就是要发挥制度的作用来实现书院的教育宗旨。

那么，训规该从何处着手？

湛若水的教育理念是“随处体认天理”。天理的体认在心，心对天理的体认又是因事而起，应事而发。他在给聂文蔚的信中说：“盖心与事应，然后天理见焉。天理非在外也，特因事之来，随感而应耳。故事物之来，体之者心也，心得中正则天理矣。”既然心与事应，既然天理的体认也因事而来，那么抓住“事”就能抓住书院管理的切入点。而“事”随处皆有，学生在书院学习也自有其生活之事。因此因事而立训规，正可实践湛若水的“随处”之理念。正如湛若水所说：“自意心身至家国天下，无非随处体认天理，体认天理，即格物也。”格物者，即应事也。为此，湛若水制定了《大科书堂训》（亦称《大科训规》）61条，其中关于德性训率的26条，关于学问修养的26

条，关于堂制纪律的9条，自正心诚意、处己对人以至治事修学皆包括在内。

然而心与事应，并不一定就能体认到天理。湛若水看到，人心之安，固是天理。然恶人亦且安心为不善，这里便有个心之中正的问题。他在给洪峻之的信中说："只有心得其中正时，安心才能体认天理。譬如只有方正的明镜才能照得本相，歪镜、布满灰尘之镜何以能见到真相？"湛若水在这里提出的心之中正的问题，正是他思考的制定训规的下手用功处。

湛若水认为，世俗社会处处充满着对人心的遮蔽和误导，书院学习自然也不例外。他在《大科训规》中告诫学生："何莫非心也？心得其职则敬，敬为义。心失其职则肆，肆为利。利义之判也，间焉者也。"怎么才能判断心能否中正，关键看其是"得其职"还是"失其职"。所谓"职"，即行事原则。遵循原则行事乃因敬义而为，丧失原则乃因肆利而为，义利之判，完全表现在平时的行为之中。为此，湛若水《大科训规》中首列一张"训规图"，在"训规图"中设置一个"义利之判"的坐标，清楚地告诉学生在求学生活中也有"敬义"和"肆利"之别，因而不能不辨。

敬义表现之何在：

> 义为志道，为体认天理，为寻乐也实，为求道于人伦之间，为笃实，为言动由中出，为不怨尤迁怒，为事父兄也诚切，为自得师，为传习，为遇长者谦让，为处同门久敬，为约信，为去成心，为二业并，为内外混合，为读书调心合一，为作字也敬，为考业用心也精，为观山水不失己，为博六经以开知见，为作文也发挥所得，为教束家仆。充其类焉，及其成也，为君子。

肆利表现又何在：

> 利为无志，为肆欲，为虚乐，为外伦求道，为先文艺，为巧令以滋伪，为暴怒，为事父兄也不诚，为不求师，为传而不习，为抗倨，为同门猜嫌，为期约不信，为师成心，为徒事举业以干禄，为支离，为读书主敬两途，为作字欲好，为粗心，为梏亡，为泛滥仙佛以坏心术，为欲

胜人，为纵放家童。充其类焉，及其成也，为小人。

所列种种，“敬义”与“肆利”的表现各有23种。从求学之志趣，到为学之表现，到待人接物，至为详备具体。怎样做方能敬义，怎样做便趋肆利，义利之判，一目了然。湛若水在《大科书堂训》中告诫学生：“义利便君子、小人悬绝，岂可不痛省，而甘为小人之归？”重义轻利，是君子成长的必经之路。反之，见利忘义，必然堕落为小人。

湛若水这么做，就是要告诉学生，心性之学并非如日悬高空，而是具体表现在日常的学习场景之中，表现在个人的生活行为之中。他告诫学生，所谓天理者，“是吾心中正之本体而贯万事者也”。所以平时行为的邪与正，不仅反映了人心是否中正，也决定着日后能成为什么样的人。他说：“日用邪则邪人矣，用正则正人矣。正人，自无不正矣焉。”因此，要使学生之心趋于“正”，就要从克服平日行为的“不正”下手。

这就是湛若水订立训规的出发点。他在给谢惟仁的信中强调：“训规诸条不惟皆原于心，而心又本于几上用功。”就是说，书院管理条规既要本之于心之中正，更要在中正心性的实践中寻找下功夫。湛若水所列训规，几乎条条都是针对煎销习心而发，条条都是煎销习心的具体化。湛若水强调，“格物”并不是空疏的，它表现在日常生活中，通过事上磨练，才能真正体认圣贤所讲的道理。

湛若水立训规以求心之中正，正是《大学》所强调的“明明德”教育精神。在湛若水这里，《大学》中所谓明德就是心之中正。他在给杨少默的信中说：“承谕阅训规，立中正以示学者，然此理本中正，乃天之所为也。”心之中正，正是天理的体现，所以书院训规就是要给学生树立平日生活行为的标杆。湛若水在这里所渗透进的教育精神就是以心之中正为价值坐标，以更好地促进学生形塑“心学”这一文化心理结构，养成学生对天理的仰慕和追求。正如他所说，他所制定的《大科训规》“凡以发诸心性也，凡以归诸心性也，凡以无所外于心性也”。就是说，大科书院的训规以中正心性为出发点和归宿，书院管理目的就是要促进学生陶冶心性，这正是引导学生在明明德的教育轨道上行进。

中正心性又是贯彻书院管理精神的保障。天理并非是悬空的，明德也并非是高深的，求天理、明明德就必然需要一个促使它们生发的实处。湛若水将其置于中正心性这一实践环节，使其成为明明德的基本功，成为明明德的下手功夫。这样做，实际上就是在书院管理中为学生树立了一个人生的坐标与方向，给学生的求学提出了一个人性升华和超越的要求，给了求学者一条可以触摸得到的精神出路。就是说，书院的管理条规绝不是纯粹的规章制度，而是一种教育精神的表征。

湛若水的训规将高深悬妙的明明德，置放于学生的生活世界，便在书院管理中明确了一个心性之学的价值坐标，使受教育者的灵魂、心性和价值判断有一个安放之所，促使受教育者在学习之中时刻扪心自问，时刻拷问自己的心灵，时刻追问自己怎样求学才能有价值。他在《大科训规》中告诫学生："是故古之人有终日乾乾为君子而不息矣，今之人有终身弊弊为小人而不知者矣。岂其智不若欤？其术使然也。是故学莫先于辨术矣。"君子与小人之分野，不在其智力的差距，而是来自平时生活处事之"术"，即怎么做的差距。所以，为学要以辨术为先。这就是湛若水通过书院训规所要告诉学生的道理。

这一管理理念表明，在书院管理中，湛若水并没有走上陈献章的"静中养出端倪"之路，也没有走上"吟风弄月"、诗酒唱和的悟道之路。在书院管理中，湛若水始终贯穿着"随处体认天理"的理念，有机地将读书与修身相融合。

二、尊师友群践亲民

训规之贯彻，辨术之先行，书院管理最直接的目标就是要让书院成员生活在一个和谐的群体中。这个群体成员除了教师、学生之外，还有学生带来的子弟、仆人。如果这些人际关系处理不好，有可能影响书院的教学秩序。这就是湛若水在书院管理中首先要解决的问题。

湛若水的高明之处就是将处理这一关系上升为"亲民"行动。"亲民"也是《大学》中所标示的大学之道。但"亲民"该如何贯彻于教育之中，长期以来，人们对此常陷入一种认识误区。人们认为，“明明德”一节可在读书期间施行，“亲民”一节则应该是人们出仕之后的操练。宋代有的理学家甚至强调靠静坐便可寻求天理，亲民的实践更与书院教育无关。湛若水不同意这种看法，他对陈海涯说：“本末只是一气，扩充此生意，非谓未有本而徒妆点枝叶也。在心为明德，在事为亲民，非谓静坐而明德，及长，然后应事以亲民也。一日之间，开眼便是应事，即亲民。自宋儒多分两段，以此多陷支离。”湛若水强调，本末都是气的贯通，在心为明德，在事即为亲民，不必等到学业完成后再去实践亲民之事。平日的学习生活，睁开眼便与各种人打交道，这便是亲民的实践，绝不能将这二者分作两段事。

基于这样的理念，湛若水特别强调在书院管理中要将明德的修炼与亲民的实践有机结合。他说：“《大学》明德、亲民皆德性分内，同是一事，只从齐家以往，便是亲民，不待出仕也。”湛若水认为，亲民之事，从“齐家”开始就在实践。特别是对学生的学习生活，明明德与亲民是不可分割的统一体，完全可以在读书期间修炼亲民素养，领悟亲民之理。他说：“在明德，在亲民，不可作推，只合作一体，皆已分内事……‘己欲立而立人’，亦此意。”为什么这二者都应该是学生学习的分内事？因为“己欲立而立人”，在书院学习中认识了“明德”，就要付诸行动，惠及他人。而在书院学习中，“亲民”最具体的表现就是尊师友群。湛若水在书院训规中对这一方面的规定很费心机。

1. 尊师

学生在书院学习首要的是尊师。尊师才能重道，这在儒家的教育理论与实践中都已经不是问题。湛若水在这个问题上，只是提出了拜师与敬师两个要求。

拜师看似简单，然而拜什么师却有着原则性的差异。我们先看看湛若水在《大科训规》中的一条：“学者须要求自得师，有如求命。人之病痛必求医师，所以求命也。且今之百工技艺尤务拜师，至于句读之师、举业之师亦然。及至治心以立性命，乃不肯求师，耻拜其师。乃曰：‘我知之矣，我知之矣。’宁没身不悟。哀莫大于心死，而身死次之。在彼则不耻拜师，在此则自是不肯求师、拜师，岂爱心不若爱身哉？弗思甚矣。”

湛若水在这里提出了几类师，即“自得”之师、句读之师、举业之师。他要求学生要拜的是“自得”之师。所谓自得，是孟子所提倡的教育理念。他从性善论出发，主张通过自得而扩充善端。湛若水接受了这个观点，他从心学理论出发，主张通过自得而获得心性中正。所以他这里提出的“自得”之师，就是能够帮助人们治心以立性命之师。但当时社会趋之若鹜之拜师，却是句读之师、举业之师。句读之师能够帮助人们文化启蒙，掌握识字、断句的本领。举业之师则能够帮助人们掌握科举考试的本领。这两类教师都能帮助人们在功名利禄之路上获取实利。湛若水对当时的拜师风气十分反感。他认为这种社会风气只看重外在的实利，如身体之利、功名利禄之利，而对精神层面的心性之利，则漠然以对。湛若水感叹道，哀莫大于心死，这种爱心不如爱身的风气，实在不可理解。

所以，拜什么师是尊师的根本前提。正如湛若水在另一条训规中所强调的：“远方及近处有德行道艺先觉之人可为师法者，必恭请升座讲书，以求进益，闻所未闻。”这里提出的德行道艺先觉之人，就是治心以立性命之师。湛若水要求学生对这一类可为师法者，必须恭敬地拜师求教。他在训规中所批评的肆利不志道的“不求师”就是指不肯拜治心以立性命之师，耻于拜治心以立性命之师。

尊师的另一个表现就是敬师。湛若水在大科书院对学生提出要求：“进修、敬义二斋同廊之人，各各早起衣冠，暂会于本斋，相揖，各言所疑所得，俟先生出堂，整班而升，长少各依次序，所以养其敬谨之心。”这是尊师的仪式。湛若水要求学生，每日清晨要早起整肃衣冠，齐集讲堂，静候老师。老师来后，全班学生要依长少之序向老师行礼。尊师仪式庄重的后面是为了养成尊师重道的敬谨之心。

此外对先生的同道，湛若水也要求学生必须以前辈事之，以礼相待。“诸生每遇先生同侪之人，必推先生之意，以前辈事之，不可居然抗礼。”即使其人与自己平时多有关系，或年龄相仿，亦必须按尊师之礼待之，“此乃自养其恭敬之心”。

2. 友群

师生关系，对学生来说可能不是很难处理的一组关系。毕竟，尊师是自古以来的文化传统。书院群体关系，可能更难处理的是同学之间的关系，包括学生对家人、仆人，乃至外来之人的关系。

"朋友"是五伦之一，湛若水正是从朋友的角度来看待同学之间关系。在书院学习期间，同学之间的相处无时不在，"相观而善"是教育成功的重要条件。湛若水曾说：古时之人为避免离索独处的痛苦，尚且与书籍为师为友。今天有师友而不知亲切相处，这比自闭还要严重。"是故师友者，可以知，可以养。讲习，知也；相观，养也。周子曰：'道义由师友有之。'可不重乎？"所以在《大科书堂训》中对同门诸生的相处列有多条训规：

●朋友，人伦之大，又所以纪纲。人伦者，其义极重。诸生相处可不尽道？或有同有异，有得有失，有长有短。即当取其同而参其异，取其得而略其失，取其长而弃其短。不可因而妄分彼此，互生嫌隙，交相党与，各相攻击，利害之心，至于不可言，此与市人何异？不愿吾徒有此也。

●诸生列馆同居，本意正欲大同无我，如同舟共济。彼此朝夕饮食起居，罔非正言正行以相检点，相警策，相观而善。若能虚心受善，则岁月之间气质变化矣。

●诸生同门相处有兄弟之义，要使相爱如兄弟乃可，即此是道。朋友，五伦之一，若尚存猜忌嫌疑，或各相为党与，即此便不是学。其施于兄弟、父子、夫妇、君臣之间，亦必薄矣。

●诸生相聚，不可自是自高，无长幼之序。须虚心相下，非但礼所当然，亦且受益。若恃一己之见，侈然不胜，其大遂至争辩尚气，尚何义理？愿诸生深戒之。

●诸生相处务守长幼之节，不但徐行后长，至于讲论，长者之说或短，少者之见虽长，亦不可以智相先。

●诸生朋友相聚，常要以礼让相接，虽极密，亦不可以亵狎怠慢，及不可责望太过。

●诸生有疾病者，必相率共调治扶持之，如兄弟骨肉。

●诸生朔望有不升堂者，相率往问之。若果病，亦致相恤之诚；若其非病，懒惰，亦有警发。

这八条讲的就是一个道理，即同学之间要相爱如兄弟，其肆利不志道的表现就是同门猜嫌。书院同学列馆而居，这正是营建“大同无我”“同舟共济”“相观而善”教育氛围的最好条件，也是书院学生进行“亲民”实践的最好机会。所以，湛若水在这里对同学之间相处的态度、礼节、言语、相恤等提出了中肯的意见，如同学之间“即当取其同而参其异，取其得而略其失，取其长而弃其短”“彼此朝夕饮食起居，罔非正言正行以相检点，相警策”“诸生同门相处有兄弟之义，要使相爱如兄弟乃可”“诸生相聚，不可自是自高，无长幼之序”“诸生有疾病者，必相率共调治扶持之，如兄弟骨肉”。拳拳之心，溢于言表。

除了同门久敬，对外来人员也要以礼相待。湛若水要求：“远近有年学相若之士欲来相依讲究者，以客礼待之，时致馆谷之诚。”对远近来求学者，要以礼待之，对生活有困难者，还应提供生活帮助。当然，这种接纳是有条件的：“凡来相见者，若非问学道义之士，不敢泛接。若果问学道义之士，亦必依士相见礼，先有摈介言词、通刺揖让。若无摈介言词、通刺揖让，突然无因而至前者，不敢泛接。”如果不是问学道义之士，如果求见者不循礼而贸然闯入，则断然不能接纳。

除同学之外，湛若水的友群范围还包括了父兄、宗亲。这是湛若水书院管理很有创意的一个方面。一般的书院管理者，注意到学生在书院的行为就够了，湛若水却还认识到学生与家人的交往也是亲民实践的重要内容，不可或缺。因此在《大科书堂训》中强调：

●诸生居山日久，须要归省，以致孝养之诚，即此是学。事父母兄长之际，亦自验其诚切，与平时进退何如。若见父兄愉悦，便是己学进处，不然未见实力。

●诸生离父母、兄弟、妻子来山从学，须实用十分工夫，乃能赎其离违之罪，若又悠悠过日，是又罪之甚者也。

●诸生以时归省，宗族乡党相遇以礼，必致其敬老慈幼之诚，使一家一乡和气浃洽，乃见学问。

这些规定，要求学生对待家人要有孝敬之心，要有感恩之心，要以努力学习之行为来报答家人。要定期归乡省亲，省亲时，不仅要对家人尽孝养之诚，还要以礼相待宗族乡党。湛若水在这里强调一个“诚”，其肆利不志道的表现就是“事父兄不诚切”。这些条规语言亲切，道理中肯，入耳入心，很容易为学生所接受。

湛若水在《大科书堂训》中还要求学生须恩顾随身所带的亲戚、小厮：

●诸生中各有带亲戚、宗族、子弟随学，可令读古小学，习小学之事，明洒扫、应对、进退之节，事亲、敬长、隆师、亲友之道，及六艺之文。且如习洒扫之事，每人更番早扫堂上，务令于此等事存习立诚，以为讲学基本。

●诸生随带小厮来山执薪水之役，须要恩顾之。饮食、寝卧、衣服亦须照点，切戒暴怒，即以此做工夫。明道先生云：“当其怒时，遽忘其怒，而观理之是非。”即此是学。孔子不怨天不尤人，颜子不迁怒不贰过，圣贤之学全在性情上理会。

这些规定确实令人耳目一新。家人亲戚相伴来书院陪读，也切切不可忽略了他们的学习。要督促他们读小学之书，习《小学》之事，使他们在书院这个环境中也得到熏陶。甚至对相伴而来为主人承担砍柴、担水等服务工作的小厮，虽然他们的身份是仆人，但对他们的饮食、寝卧、衣服等都要多多关注，特别是不能对这些人摆主人架子。湛若水强调在这个问题上须“切戒暴怒”，即能以平等之心对待这些人，是学习圣贤之学的重要功夫。

传统教育强调要学会处理好君臣、父子、夫妇、兄弟、朋友这五种关系，即为五伦。湛若水从“尊师友群”着手，正是训练学生处理五伦关系的下手处。他告诫学生：“五者虽不同，而同一天理也。天理明则人道明，而亲义别序信，发乎心，感乎民，民感而化之。”所以他在书院管理中，特别重视尊师友群的实践，实际上就是要求学生处理好上下左右的人际关系网，这样既能维持书院成员的和谐相处，又能从中感悟“亲民”的教育之道。

三、应事持敬求至善

《大学》所彰显的大学之道，除了明明德、亲民外，还有一条：止于至善。就是说，无论是明明德，还是亲民，都要坚持下去，做到极致，即达到至善的地步。《大学》的原文是：“大学之教，在明明德，在亲民，在止于至善。”

湛若水的书院管理正是遵循这一精神。在以上的诸多训规中，我们可以看到，湛若水在要求学生的行为操守中都强调了一个“敬”字。如要求学生敬师，是要“养其敬谨之心”；要求学生尊重先生的朋友，是要“自养其恭敬之心”；与同学相观而善，是要培养“大同无我”“同舟共济”的理念；与家人、宗族交往，“必致其敬老慈幼之诚”。可见，湛若水订立书院训规的目的不是要学生被动去遵守条规，也不是要学生消极地去行动，而是要学生怀着一种恭敬之心，通过实践达到至诚的境界。用湛若水的话，就是“应事持敬”。

湛若水接受了宋代理学家“主敬”的观点，把“敬”奉为“圣学之要”，视为体认天理的法门。应事持敬，就是要求学生在生活实践中约束自己，提升自己，将日常生活与体认天理有机结合，修业与涵养合一，知行并进，使道德操守由内向外生发，养成文质彬彬之君子，达到止于至善的境地。

湛若水说：“《大学》一书是古人入道阶梯。其要下手只在止至善。止之之功在知行，故知止以至能得，即知行之功也。”就是说，《大学》是古人入道的阶梯，其关键点是做何事都要达到止于至善的目标。而实现至善的功夫在知行结合，只有朝着至善的目标不断努力才能有所收获，这就是知行之功。也就是说，如果不以至善为目标，所谓知行都是无意义的。湛若水还说，《大学》所宣传的精神就是“敬”和“恕”两个字。敬是明明德的态度，恕是亲民的态度，明明德了就要去行动，而亲民乃是明明德的实践。所以，从本质上讲，明明德和亲民就是一件事，都是要以养成精神为目标。

可见，湛若水的书院管理实际上是以《大学》中的大学之道为精神。他要求学生以明明德、亲民、止于至善为精神，在正心诚意、格物致知乃至修齐治平上下功夫。而止于至善，也就是湛若水所要求的“应事持敬”，乃是其书院管理理念的精髓。无论是日常生活活动，还是书院的学习活动，湛若水都要求学生以“诚”“敬”为精神，将行为践履做到极致，达到止于至善。他的理由就是前面所讲到的，诚者自成。只有应事持敬，体认天理便成于其中。他还说：“不怨天不尤人，此是圣人下学工夫，非循理乐天者不能。岂学者寻常可用力？故不怨天尤人，此孔子圣人之学也。非礼勿视听言动，此颜子大贤之学也。敬、恕，仲弓贤人之学也。各有分限。”这个话是说，虽然孔子、颜回、冉雍三人的修养信条各有不同，所达到的修养层次也有所差别，但至诚、持敬的心态却是相同的。湛若水对学生要求：虽然像孔子那样的圣人之学难以企及，但像颜回那样“非礼勿视听言动”，像冉雍那样凡事皆达到敬、恕的境界，是可以做到的。关键须应事持敬。

所谓“敬”，就是要全心全意，要一心一意，要诚心诚意。湛若水强调，“敬者德之聚也”“能主敬，则众善归焉”，“能主敬，则事事无不在矣”。他在给邓瞻、邓畛兄弟的信中说：“执事敬，最是切要，彻上彻下，一了百了，致知涵养，此其地也。所谓致知涵养者，察见天理而存之也，非二事也。”致知与涵养，不能将其视为二事。在从事任何工作时，只要怀着恭敬之心，彻上彻下，一了百了，就能达到致知涵养的效果，就能察见天理。

要做到应事持敬，湛若水要求学生，一切行为都要循礼而动。他说：“诸生相处，一言一动，皆本礼义；时言俗态，一毫不留于聪明。以此夹持，自然长进。其有犯此戒者，诸生相与正之。”这是要求学生平时的一言一行都要依礼为据，不可流于低俗。由此慢慢形成习惯，自然会有长进。诸生之间要相互监督，相互指正。湛若水看到：“初学用功，茫然无着力处，只且于言动间存习，步趋要从容，言语要和缓。步步言言，要与心相应。一一使由中出，存习之久，自然成片段。”学生在入学之始，常常会寻不着下手之处，这个时候就要注意从行为习惯入手，从言行举止入手。步趋要从容，言语要和缓。步步言言，要与心相应。只要与心相应，只要持诚、持敬，所有言行都由“中”出，存习既久，习惯便成自然。

要做到应事持敬，湛若水还要求学生要“期约以信”：“学者须要立信。如与人期约之类，虽似小事，然失信则害心为大。诸生今后或归省，期某日还馆，必要践约。又如自期徙学或一年二年，必要践言，不可易志。圯下老人与子房犹须立信，况学圣贤之道者乎！即此便是根基。”与人期约须讲信用。这看起来是小事，然失信则害心为大。即使如平时请假回家探亲这样的事，也要履行与书院的期约，按时返校。湛若水强调，肆利不志道的表现就是“期约不信”。仅从这一训规，我们就能看到湛若水所谓的“敬”所体现的书院管理精神。

要做到应事持敬，湛若水还要求学生须遵守书院的管理要求。例如：“书院凝道堂，乃师生讲学之地，非饮食之客、异教之人所宜居。若非德行道艺可为师法者，勿以设座，设之别轩可也。”书院的凝道堂，是师生讲学之所，不可于此饮宴、居住，更不可让没有德行道艺之人在此宣讲。又如：“寅宾馆所以处远方相过之客，宜常虚之以待其人，诸生不宜居之。进修、敬义二斋，虽诸生会讲之地，客若来，众亦以处之，可也。”寅宾馆是书院用于招待客人的居所，学生不可随意据为住所。但进修、敬义二斋，虽然是诸生会讲之地，如有客人来，大家在这里与之交谈，则可以。又如：“本书院正道及两阶，乃先生长者往来之处，诸生升降，只宜由两廊下及旁阶行之，不可僭越，以犯不敬之罪。”书院的正道和两阶是教师、长者行走之道，学生只能在两廊和旁阶行走，不可僭越。还有，“诸生凡居书馆，要钤束家人，不许斫艾山中人家草木为薪，及岁久，因而损坏本馆木料及成器□□。每见学子居寺及祠宇，多有斫去梁桷等物为薪者，主人知而故纵，以此立心，便是不仁。当思初成之难，安忍毁之？”对书院设备，不可随意损坏，更不可为了集木柴，纵容家童肆意砍伐山中人家的草木及破坏书院设施。湛若水很痛心地看到，有些人明明知道这是书院设施，还故意纵容家童破坏，以此立心，便是不仁。所以他将“纵放家童”列为肆利不志道的表现。

另外，设立“学田”“义田”以资助贫困学生，这是湛若水创办书院的特色之一。为了资助那些家庭贫困而无钱求学者、远道前来而携带粮食不方便的求学者，湛若水在书院附近置有“义田”“学田”。“本书院有好义之士所置学田，随年所收多寡，贮之公廪，量诸生之贫，及远方不能裹粮者给之。置支销簿，以公正之人主其事。”这样，管理这些学田的收入也就成为学生学习实践的重要内容。他在这里提出以公正之人来管理这件事，其实也就是一种道德实践。

这些规定都体现了湛若水对学生行为应持敬的要求。没有持敬的态度，就没有行动的持续，就不可能获得知行之功，即达到至善的境界。甚至，没有持敬的态度，还可能违反训规，破坏书院秩序。

那么，湛若水在书院管理中，除了正面引导外，对学生违反纪律的现象持什么态度？《樵语》中有一段记载，有学生问，肉刑是否可以不实行？湛若水回答：“可则尧舜之仁为之矣。夫愚民，杀之而不见其形，则不知戒，戒而使远之，仁之术也。”意思是说，实行惩罚是尧舜实施仁政的做法。如果只有死刑则不能给人们知戒改过的机会，实行惩罚则能使其远离违法行为，对人们起到警示作用。这是“仁之术也”。因为趋利避害，远离伤害、痛苦与恐惧是人性的本然。所以在书院管理中，湛若水并未放弃纪律制裁。

例如，湛若水欢迎各地学生来书院学习，甚至设置学田以资助一些困难学生。但这种做法并非是无条件的，并非是无原则的。对于那些学习不认真、品行不好的人，湛若水明确不予招收，不予资助。“凡生徒不审其兼习二业，为古之德行道艺之学者，而冒诈以来居斯屋，食斯谷者，有如此誓，其懒惰者及不为举子业而以虚名浮夸无实得者，不馆不谷也。”不认真学习德行道艺，懒惰，追求虚名浮夸无实，对这类人员，湛若水明确表示“不馆不谷”。这与前文所介绍的湛若水“若非问学道义之士，不敢泛接”是一致的。

在《大科书堂训》中，湛若水还明确规定：“诸生中有传而不习者，有显愆者，有耻事其师者，听其辞归，以为诸生之励。”愆者，错误也。这条规定是说，学生中凡有不认真学习者，犯有严重的错误者，有不尊师者，必须要实施纪律制裁，将其辞退，“以为诸生之励”。这就从制度层面确立了赏罚的标准。只有赏罚分明，才能彰显正义，才能引导学生应事持敬，才能使书院的教学秩序得到保障。

湛若水在训规中的这些正反要求，都是一个目的，就是要在书院营造一个中正心性的教育氛围，就是要引导学生行为向善，就是要发挥书院管理的教育功能。

可见，湛若水的书院管理条规始终贯穿着一个“敬”字，使书院管理渗透着一种教育精神。对待师长、家人、同学、朋友，进行读书、作文、考业、习字、歌诗、作乐，湛若水都要求学生抱有一个“敬”字，以求得正心诚意的教育效果。湛若水强调，心本无一物方能有敬，即在修道、求学之时不能有一毫的杂念，“所谓敬亲、敬君、敬师有差，无乃俗态耳。此乃因物而迁，乃所以为不敬也”。在这些方面如不能怀着恭敬之心，就是俗态，就是被物欲所主导了。所以湛若水要求学生读书“务以明道为本”，尊师友群“以养其敬谨之心”。提倡歌诗，因为可以“畅意气，又长一番精神”；要求读书疲倦后去游山玩水，因为可以“使人乐学鼓舞而不倦，亦是一助精神”。为什么在书院管理中要提倡这样一种精神？湛若水在给学生解释陈献章的《和杨龟山此日不再得韵》时强调：“盖敬者圣人之心，法圣德莫大于敬，则人德莫要于主敬。主敬以剖义利，则圣可学可见。圣学匪难，要在心臧而已。”敬者，圣人之心，这就是湛若水对学生指明的道理。效法圣德莫过于敬，道德修炼的根本是主敬。主敬才能分辨义利，主敬才能认识到圣学可见可学。对这种理念的坚持，是湛若水书院管理成功的重要因素。

四、训规精神本礼仪

然而，这里还有一个问题，湛若水所制定的书院训规为什么一定能够引导学生走向心性中正？

湛若水制定书院训规并非随心所欲，并非主观臆想，而是强调组织制度必须以礼仪为本，他要求学生的一言一行必须本于礼仪。就是说，湛若水认为，只有以礼乐为本的制度规范才能引导人们向善。因为礼乐是古代最核心、最重要的制度规范。它们着眼于事前引导、感化与防范，使人性中的“善端”得以存养与扩充，为形成理想的人性组合形态奠定基础，从而产生理想的行为。对此，湛若水有清醒的认识。他在《新论》《圣学格物通》中说：

礼者以定民，乐者以动民。礼以定之，故使民手足有措；乐以动之，故使民不知手之舞之，足之蹈之。定以基之，动以成之，故三王之治可几也。

礼也者履也。乐也者乐也。礼以履之，使民无邪行；乐以乐之，使民无邪心。无邪行则风俗可得而正也，无邪心故祥瑞可得而格也。后世礼既坏，则民无所履，故手足莫措；乐既崩，则民无所乐，故怨咨日生。

礼者，理也。在心为理，处事为义，亦体用之谓也，有义以制事，则事得其宜。有礼以制心，则心得其正。内外合德而中道立焉。

这里的三段话，大致有两层意思。第一层，礼乐的社会作用，可以“定民”“动民”，能使人无邪行、无邪心，它具有一种制度的、规范的制约力量。第二层，礼乐的教育作用，可以“制心”，使人心得其正，它具有一种指引人们行为向善的教育力量。既然如此，要使书院成为学子涵养心之中正的场所，其管理制度就必须以礼乐为本。

那么，书院训规以礼为本，对书院管理又会产生怎样的效应？湛若水从三个方面表达了他的理论依据。首先，他从克己与复礼的关系出发，阐述了复礼对克己的重要性。《明儒学案·甘泉学案一·语录》中载有湛若水的一段话：“克己复礼，故不是二事。然所谓克己者，非谓半上半下也，去之尽乃谓之克己也。己私才尽，天理立复，若其不继，又复如初。惟随处体认天理最要紧，能如是，则克复在其中矣。谓体认天理，不如克己者，盖未知此。”湛若水在这里强调，复礼与克己是相伴相行的，是一体的，不可将其视为半上半下的结合体。因为己私才尽，天理立复，若其不继，又复如初。所以只有时时、处处不停止地体认天理，才能做到克己复礼。这样，书院训规只有以心之中正为本，以礼为本，方能实现在不断地克己与复礼的过程中体认天理。如果只讲克己，不讲复礼，克己便缺失了方向，且错失时机。

其次，湛若水又从道德养成环境的角度阐述了以礼为本的重要性。他在《圣学格物通·立教兴化》中说：“美其五常之教，使父子有亲，君臣有义，夫妇有别，长幼有序，朋友有信，而天下化之，自相亲，相义，相别，相序，相信，而无不从顺矣。……所谓以身教者，从也。后世为教，已无躬行之实，而徒用心于科条之烦，无怪乎民之不从，而俗之不善也欤。”湛若水在这里强调，所谓五常之教，就是以礼为本的教育，这样才能形成一个具有相亲、相义、相别、相序、相信氛围的道德养成环境，人在其中自然从顺，从而化之。这就是身教的道理。如果书院管理忽视以礼为本的行为训练，缺乏躬行之实，只是强制学生仅用心于遵循某些规条，无怪乎人们不顺从，书院的风气不利于人心向善。

再次，湛若水从道德养成过程的角度阐述了以礼为本的重要性。他在《圣学格物通·进德业》中说：“故德美中积，性立而道行焉。本诸在中之美，而和生焉。畅于四支则动容周旋，中礼矣。发于事业则修道，教致中和成治化，而天地万物位育矣，皆中德之贯通也。”这里，我们可以回顾一下湛若水的心性图。德美靠“中”积，即性在未发之时趋于“中”，打好基础，才能有性立而道行的收获。怎样才能使性趋于“中”，关键靠礼的力量，这就是“本”。“本”为“中”之美，才能生发“情”之“和”。然后遍布于四体，主导行动，都能合乎礼义。湛若水在这里强调，个人立本于“中”，才能有以后各项事业的发展。社会以“中”“和”之德为教，才可能实现天地万物“位育”的境界。

综上所述，书院训规以礼为本，能给书院管理注入道德的、精神的内涵，能给学生的伦理践履指明人心向善的方向，能充分发挥书院管理的教育作用。

至此，我们可以对湛若水的书院管理理念做一个简要的总结。要实现“学心”的书院教育宗旨，必须抓住事上用功，因为心与事应。而心应事而发，并非一定趋向中正。要使训规能驱使学生中正心性，训规的制订必须以礼为本。

湛若水的书院管理理念实际是要告诉学生，体认天理不能仅仅求之于静，还应切实地在日常的待人处事、治学修身活动中进行学、问、思、辨、行，切实做到知行并进。他说：“古之论学，未有以静为言者。以静为言者，皆禅也。故孔门之教，皆欲事上求仁，动静着力。何者？静不可以致力，才致力，即以非静矣。”他强调，纯粹鼓吹“静”，那是禅学的功夫。

儒家孔门之学，都是要求在事上求仁。因为“求”必致力，才致力，就已经不是“静”了。所以湛若水强调：“舍书册弃人事而习静即是禅学，穷年卒岁决无有熟之理。”他告诫学生：“一部《论语》皆教人在事上求。”这就很清楚地表明湛若水在书院管理中为什么坚持要求学生于事上用功，要求学生不能忽略平日生活的方方面面的磨练。这也说明湛若水更注重的是在伦理纲常、社会事功的求道价值。

湛若水通过书院管理理念实际是在告诉学生，学习圣贤之学的下手处并不高远，它就存在于我们的日常生活中，都是人人可行、人人可得的平实功夫。这一做法对于弘扬儒家主张人格平等的精神，对于实践湛若水关于人人心中皆有天理、须随处体认的教育主张，都是极为贴切的。精神的陶冶须从格物致知着手、在修身齐家中磨练，方可见教育之本质。湛若水的书院管理精神的可贵之处，就在于他强调了君子之行并不仅限于治国平天下之政治舞台，更多的是于日常生活中见精神。

正是基于这样的管理理念，湛若水在大科书院讲学时，为勉励学生立志高远，持之以恒，勤学渐进，特赋诗《示诸生兼告同志》一首：

圣人亦人为，诸子早辨志。持此忠信资，何远不可至。
尧舜称大圣，其道孝弟耳。孝弟谁不然，鲜或见天理。
天理天所为，超然绝人伪。夫谁能举之，聪明与睿智。
兹理何由臻，执事自敬始。

湛若水在诗中告知学生，圣人也是通过人为的努力，通过孝悌行为的修炼而成就的。他在诗中明确指出“天理天所为，超然绝人伪”，只要有“聪明与睿智”，加上持敬之精神，便能探索真知，体认天理。

嘉靖元年（1522），吕柟作《大科书院记》，对湛若水的书院训规给予了高度评价。他说：自从宋朝程颢、程颐、张载等人阐发孔孟论仁的宗旨之后，后来的教授者都不知道怎么传授，求学者都不知道怎么求学，所以这一学问越来越稀少了。“甘泉先生之在大科，岂独优游山水以避世哉！近尝读其《大科规训》，自诸生动静食息之微，性命举业之道，童仆薪水之细，莫非据仁以陶镕。学者若能守之道，虽顽如石可软，懦如苇可强，昏昧如醉梦可醒，躁妄如猿猱可定，残忍如豺虎可慈。”这段话的意思是，大科书院对学生从举动、静坐、饮食、休息等细微之处，到性、天命、科举之业等全体之道，乃至书童、仆人、砍柴、担水等细节，无不依据“仁”的原则来造就。学者如果能够遵守此道，就算是顽固如石头者也可以使之柔软，懦弱如芦苇者也能使之强韧，昏昧如醉酒睡梦者也能使之清醒，躁动如猿猴者也能使之安定，残忍如豺狼老虎者也能使之慈悲。吕柟在这里感叹，宋代以来越来越稀少的书院管理理念，在湛若水手上得以复兴。书院管理只有依据“仁”的原则，从日常行为的训练着手，人的心性完全能够趋于中正。湛若水的这些做法，正是抓住了教育的本质。这是对湛若水书院管理理念的充分肯定。

湛若水的书院管理理念在中国书院管理制度发展进程中具有重要的历史意义，这一点常年为学术界所忽略。首先，湛若水的书院管理条规是对陈献章教学机制的有效改革。陈白沙并没有办书院，虽有小庐山书屋、嘉会楼、江门钓台等会友讲学之处，但他不立课程，不定制度规范，全凭个人魅力教学，通过带领弟子吟风弄月、寓意诗酒、优游山水，以追寻“鸢飞鱼跃”的随处悟道之机。这种凭借个人“魅力”造就的教学繁盛也会因个人的离世而带走，其理论很难传之久远。湛若水对老师的超越之处在于，他不仅创办了正规的书院，而且将学术理论化作了制度性的知识资源，将管理条规化作了书院的教育力量。

其次，从书院管理制度的发展看，湛若水制定的大科书院条规显然比白鹿洞书院条规前进了一步，它将朱熹所期待的圣贤教人为学的理念推向了书院学子的生活世界。在这样的管理制度之下，学生体认天理并不是一种高远虚悬的心性冥想，而是一种日常生活方式的修炼。这种日常生活方式的修炼，带有浓厚的草根气、人情味，学生可以从中获得清晰的方向感，以开显人性，完成人格。这种借用制度力量实现教育目的的做法，表明湛若水的书院创办不仅超越了他的老师，而且推动了中国书院管理制度的发展。

第四章

书院教学，进学致知

在书院管理中，除了德行的修炼之外，教学管理也是湛若水十分注重的一个方面。书院管理的目的是要构建一个良好的教学秩序。除了前面提到的需有一个和谐的人际关系外，还需要通过有序的教学活动来提升书院的凝聚力。教学活动是书院教育的主体，也是学生实践体认天理的主要活动环节。湛若水十分肯定读书对致知的重要性，向学生提出了“读书调心合一”“博六经以开知见”“作文也发挥所得”的学习要求，因而对怎样实现这样的学习目标也提出了一系列意见。

一、教学秩序制度化

书院教学管理的首要措施就是建立教学秩序，教学秩序由常规的教学活动和规范的作息安排而构成。正如《学记》所说：“时教必有正业，退息必有居学”，即正常的学习时间必须要安排正规的教学，休息时间则要有课外作业。湛若水很重视书院管理的这个原则，他在大科书院就制定了一套读书作息制度：

诸生进德修业，须分定程限，日以为常，每日鸡鸣而起，以寅、卯、辰三时诵书，以巳、午时看书，以未时作文，申、酉二时默坐思索，戌、亥二时温书。然此等大抵皆不可失了本领，通是涵养体认之意。如此持循，当月异而岁不同矣。

鸡鸣之时，大致相当于地支计时法中的丑时，即1—3点。这时公鸡发出第一声清啼，大自然开始新一天的蠢蠢欲动了。湛若水要求学生此时也应在睡梦中渐渐苏醒。寅时即凌晨3—5点。此时太阳虽还未出地平线，但遥远的天际处已显现出一线生机，故称之为平旦，又称黎明。宋代诗人陆游有诗："老尚贪书课，黎明即下床。"湛若水要求学生寅时（3—5点）、卯时（5—7点）、辰时（7—9点）诵读。当然，这也包括早餐时间。巳时为上午9—11点，午时为11—13点，这一段为阅读时间。未时为13—15点，这时称为日仄之时，人们已从日中之时的困倦中慢慢恢复，进入一天的第二个工作黄金时间，湛若水规定这一段为作文时间。申时为15—17点，酉时为17—19点，这一段为日入而息之时。古时一日两餐，这也包括了晚餐时间。李白有诗："日落看归鸟，潭澄羡跃鱼。"晚餐之后的黄昏是安静的时刻，适宜静坐默想。戌时为19—21点，亥时为21—23点，湛若水将这一段规定为温习书本时间。此时宜安静读书，将日间读书的得意之处，再翻出来温习。

这个作息时间表依据大自然演变规律，将学习活动的动静特点和体脑功能交错搭配，作了合理安排。为了维持教学秩序，湛若水在《大科书堂训》中进一步要求："诸生用功，两廊各轮流一人，觉察勤惰，人人皆要读到二更尽，其有惰者戒饬之，甚有鞭策。"读书要读到二更尽，并要求各班轮流派一人加强督查，看来湛若水的这个作息安排是来真格的。

从这个作息安排看，湛若水把一天的学习活动安排为诵读、看书、作文、静坐默想、温习几个阶段。不仅如此，各项学习活动湛若水也对学生提出了要求。

首先是读书。湛若水重视读书，他主张"博六经以开知见"，因为这是开发心之知见的基础。湛若水在大科书院规定："诸生读书务令精熟本经、四书，又须随力旁通他经、性理、《史记》及五伦书，以开发知见。此知见非由外来也，乃吾德性之知见，书但能激发之耳。须务以明道为本，而绪余自成文章、举业。""本经"指学生在诸多经书中选定的，作为专攻方向的一本经书，此外还要精读四书，旁通他经、性理、《史记》及五伦书。这是湛若水对书院学生读书范围的规定，也是古代教育家对学生读书的基本要求。读书的目的在于开发心之知见。湛若水强调，这“知见”非由外烁，而是内心德性所固有，唯有读书方能激发。这就是读书的意义所在。

四书之学是宋代儒者朱熹的教育主张，他认为这是学习儒学的入门之书，是人们遵行伦理纲常的基础。湛若水对此很是赞同，他要求学生必须精读，但要循序渐进：“学子须先看《论语》，次《大学》，次《中庸》，次《孟子》，乃书之序也。读《论语》时如未曾见《论语》，读《大学》时如未曾见《大学》，《中庸》《孟子》亦然。忘其成心之私，去其习熟之旧，乃有向往之路。否则面前皆墙壁也。”这是读书的经验之谈。读书要有收获，必须虚心。特别是要精读四书，肯定不能一次成功，要反复阅读。这时要做到虚心，必须“忘其成心之私，去其习熟之旧，乃有向往之路”。每次读这些书时都要以未曾读过的心态去探索新的收获，不要因以前的读书体会而阻碍了新的进取。这个观点即是孔子“温故而知新”的主张，每次读书都须求新的体会，新的收获，才能不断增长求知的欲望。

读书要做到虚心求新，还有一条很重要，湛若水要求学生克服先入为主的弊端。四书五经这些经典，由于流传久远，后人多用注解的方式来阐发古人之意。但这也可能会因理解偏颇而曲解了古人之意，湛若水要求学生读书不可先泥成说：“诸生读书须先虚心，如在上古未有传注之前，不可先泥成说，以为心蔽。若有所得，及有未通，却取古人训释详之，其所得自别。”即在读书时不可先用后人的注解形成成见，以致遮蔽了对古人原意的探知。一定是到了读书有所体会，但尚有疑惑之时，才去参考后人的注解。

除了要注意先入为主的弊端，湛若水还要求学生不能读一些具有时俗之气的书：“诸生读文须诵五经，至于秦汉而止，看诗当诵三百篇，至于汉魏而止。其下偶丽之文、律诗之类去古甚远者，戒勿以接于耳目，令胸中无一点时俗之气。”湛若水的这个观点不是很正确。他认为汉魏以下的书离古人的年代远了，时俗之气多了，读了对中正心性不利。这个主张有点偏颇。但他要求学生不要接触有时俗之气的书籍，这还是有道理的。

其次是讲书。讲书分教师讲书和学生讲书。教师的讲书是书院教学的重要环节。湛若水规定：“朔望升堂，先生讲书一章或两章，务以发明此心此学。诸生不可作一场说话听过，亦必虚心听受，使神意一时相授，乃有大益。”朔望之日，即每月的月初和月中，书院都要举行祭祀礼。行礼之后，由教师讲书。教师的讲书，不能纯粹讲解知识，而须“务以发明此心此学”。前面讲过，读书之目的乃是激发内心德性的知见。教师的讲书，包括学生的听讲，也都是为着这一目的。所以学生不能因为这一课已听过而缺席，必须虚心听受，激发新的知见。学生的讲书，则在“诸生朔望听讲之后，轮流一人讲书一章，以考其进修之益”。这样的讲书，须有体会，须有见解，是经过学生思考之后的学习行动。

再次，每月要有定期的考课：“进德修业乃是一段工夫，总于修业上着力。每月二、六日考业，以验其进修之次第，所以鞭策令自力也。于所考文字，只批点可否，令其自觉用心之精粗，以自励耳。依程子，更不考定高下，以起其争端，而滋其胜心，胜心不忘，不可以入道。”考试乃是教学的反馈环节。湛若水规定每月的逢二、逢六日为考试时间，以检验学生的学习效果，以便督促他们推进学习进度。教师的评卷，湛若水要求只批点学生文字的对错优劣，不必考定其成绩的高下，即不评分，因为有评分必然会有学生之间的成绩排队。他认为成绩排名会滋长学生的求胜之心，不利于学生的务道心学。

考试的第二天，全体学生要在班长的带领下去感谢老师：“每遇考业次日，班长即相率揖谢，若有所取处，一一虚心听受。取必要见其所以取，去必要见其所以去，以此考验其用心之精粗，乃实有益。”学生拜见老师，一方面是感谢，另一方面是听取老师对学生考卷的意见。现场说教，其效果更见真切。

长期紧张的读书生活会滋生学生的厌烦情绪。湛若水在书院的教学管理中很注意动静搭配、劳逸结合的原则的运用。他说：“诸生肄业，遇厌倦时便不长进，不妨登玩山水以适其性。《学记》有游焉、息焉之说，所以使人乐学鼓舞而不倦，亦是一助精神。”乐学是《学记》所推崇的学校管理理念，湛若水对此深有体会。他主要从两方面着手。

一方面：“初学切于读书时，调习此心，随其心力所及。如读至一二行，稍觉心为所引，即停卷收敛，少俟有力再读。”要求学生，特别是初学者，要随心力而读书，要量力而为，循序渐进，不可因图一时读书进度而丢失了学习的兴趣。

另一方面，湛若水从《尚书》中看到舜命契为司徒，掌教化时，舜提出了教育要“从宽”的要求。湛若水认为：“谓之宽者，即和乐之意也。”那么在书院学习生活中怎样才能做到“和乐”？湛若水要求：“诸生人人皆学歌诗作乐，以涵养德性。舜命夔典乐，以教胄子。此其深意，安可一日缺此？或读书至深夜，则会于本斋歌诗，以畅意气，又长一番精神。”即让学生在学习闲暇时学会歌诗作乐，每日读书至深夜便可全班集中尽情歌诗，既舒畅意气，又助长精神，使人乐学。或者于“朔望或朝夕参见，质疑请益之后，即随意歌诗二章三章，陶养性情，又长人意思”。朔望之日行礼或朝夕参见之后，学生也可以随意歌诗二章三章，陶冶性情。湛若水在教学中还把陈献章的诗歌，加以自己的辅助讲解，编成《白沙子古诗教解》，作为学生的学习教材。这样既可让学生学习陈献章的心学理论，又可通过歌咏来调节紧张的学习生活。

湛若水对书院教学秩序的构建如此用心，在于他认识到书院乃是教化之地，其目的就是鼓舞学生的趋善向圣志向。如果书院不能用圣德为鼓舞作兴之本，则无以成教化之功，书院之设徒有其表而已。要使书院不致成为粉饰虚文之所，各项教学活动就必须贯彻教育精神。何况湛若水的书院教育本身就是冲着“学心而已”的宗旨而来，因而他的书院教学秩序构建自然要瞄准“成教化之功”的目标。他认为：“理出于人心之本然，非假外求，惟教学不明则无以开发其良心。”教学不明，学生则不相亲不相顺。学生之间各以其心为心，而无同胞骨肉之情，同门、朋友皆如路人，教化之功便成泡影。所以“教也者，所以开发其良心而复其本然之理也”。要做到这样，教学管理就必须“使之敬以敷教，而又宽裕以待之，使其优游浸渍以渐而入，则其天性之真自然呈露，不能自已矣”。

二、学问思辨重笃行

古代先秦儒家大师在教育上重视的是学生的“学”，教师的责任也主要在教学生如何读书。宋代书院大师继承了先秦儒家教育传统，尤其是朱熹，在书院教育中重点就是指导学生如何读书，其教学思想的精华就在读书法。对这一点，湛若水深有体会，其书院教学管理的目标最终也是落实到促进学生的“学”，而进学致知的路径就是学问思辨行。

学问思辨行是先秦儒家大师对教学经验的总结。先秦儒学大师认为，人的道德养成是一个整体化育的过程，道德形成由道德观念、道德情感、道德意志和道德实践等要素构成。因此学习活动就是一个从道德认识到道德实践的完整过程，不应片面强调某一环节而忽略其他环节。孔子在教学中抓住了学、思、习、行四个环节，以促使学生的道德形成。孟子则特别强调独立思考和意志锻炼这两个要素在道德形成过程中的重要作用。荀子则全面论述了学习过程的各个要素，强调了“入乎耳，著乎心，布乎四体，形乎动静”的道德养成过程。后来的《中庸》把这些经验加以总结，提出了“博学、审问、慎思、明辨、笃行”五个学习环节。

湛若水继承了先秦教育家的教学思想，他明确表示：“博学、审问、慎思、明辨、笃行，列五者如摆棋子，‘有弗学’以下至‘己千之’，是下手处。如人着棋，果能此道，是指有弗学一节，愚必明，柔必强，则可以入圣至天道也。”湛若水将学问思辨行比喻为摆棋子，一步一步地向前推进。一步不行就两步，两步不行就百步、千步，这就是学习的下手处。果能此道，就能做到《中庸》所说，虽愚必明，虽柔必强，这样就可以入圣至天道了。

为什么学问思辨行是学习的下手处？湛若水主要是从两方面来考虑的。首先，从学习角度讲，学问思辨行符合学习的规律。他说：“学之道，知行而已。”怎样才能获得“知”？湛若水认为，所谓学习就是让心性觉醒。心性觉醒然后知，知有疑然后问，学聚问辨，以扩吾心之良知，这就是知之事也。那怎样才能“行”？湛若水认为，“其道至大，不可不宽宏其心以体之，不可不纯粹其心以行之。”“宽居仁行，以存吾心之天理”，这就是行之事啊。所以“知行并进，如目视而足履，学之道尽于此矣”。湛若水在这里说，必须要经过学问思辨行的完整过程，才是掌握学习之道。陈献章曾有诗：“有学无学，有觉无觉。”湛若水在解说时说：“皆谓溺于记诵，滞于见闻者，虽有学如无学，虽有觉如无觉也。”如果学习仅仅滞留于闻见、记诵之间，那就是虽有学如无学，虽有觉如无觉。

其次，他从心学角度看，学问思辨行对于“心存理得”完全适用。他说：“仁者，心之生理，德之全也。德之进，学问思辨笃行而已。”为什么？湛若水强调，仁为本心所固有，是心之生发的基础，也是道德生成之种子。君子为求仁，学以觉之，问以辨之，思以通之，笃志以存之，则心存理得，“而仁在我矣”。只有通过学问思辨行，才能存仁。所以“此圣门之学，知行并进之功也”，学问思辨行，缺一不可。“后世徒区区于章句之末者，乌足谓之文学乎”，那种沉溺于章句之中的读书根本就称不上是学习。

很显然，湛若水的学习观是一个全方位的进学致知过程。

1. 学

学是认知的开端，是道德形成的认识基础，属于感性认识阶段。古代教育家对学的活动一般都强调读书与闻见，湛若水自然也不例外。从上文介绍他对学生的读书要求，以及要求学生于事上体认天理，便可看出他对学这一环节的重视。

当然，出于追求心之中正的需要，湛若水在学的环节中，更加重视学生意念活动和存养功夫的参与，以培养学生的感知、注意和记忆的能力。他在给王纯甫的信中说：“学无难易，要在察见天理，知天之所为如是，涵养变化气质，以至光大尔”，“非杜撰以相罔也”。学习最重要的是要能察见，才能懂得这天理并非主观杜撰的东西，而是天之所为。湛若水强调，孔子在黄河边之所叹，子思的鸢鸟之说，以及《周易》中关于“大人者天地合德处见之”，如果不是“一理同体”，三人处不同时期，为什么说的都是一个道理？可见所谓天理，都是发现于日用事物之间，流行不息。所以要在日用事物之间察见天理，接触生活实际即是体认天理的基础和前提。湛若水在这里还强调，天理存在于日用事物之间，但百姓不知，学者须注意察见，即感知的意念活动要激活，要主动参与其中，否则这个“学”便没有意义。

强调感知意念活动的参与，从湛若水对格物的解释也能体现出来。他认为：“格者，至也”；“物者，天理也”。格物既然是指向天理，学习的过程也就是“造道”的过程：“格物者即造道也。”所以，“知行并进，学问思辨行，所以造道也，故读书、亲师友、酬应，随时随处，皆求体认天理而涵养之，无非造道之功。”在格物时，即在读书、亲师友、应酬等活动中，随时随处，都是为求天理而涵养之，所以都需要有意感知这些认知心理因素的参与和作用，才能达到“学”的目的。

但仅有感知还不够，湛若水还强调格物要加强“注意”。他在给王宜学的信中说：“格物即止至善也，圣贤非有二事。自意、心、身至家国天下，无非随处体认天理，体认天理，即格物也。”格物要达到至善这个程度才算是成功，所以体认天理就是格物。用“体认”这个词，在认知程度上显然又比格物要更重一点，这在学习理论中，它更贴近“注意”这个认知心理因素。也就是说，湛若水的学习观，首先是从培养感知、注意这些认知心理因素开始的。他在给聂文蔚的信中说：“以随处体认为求之于外者，非也。心与事应，然后天理见焉。”体之者心也，用心来体认，这就是“注意”了。湛若水认为，天理非在外也，特因事之来，随感而应耳。故事物之来，体之于心也。心得中正，则天理矣。

除了感知、注意之外，记忆也是获取知识的重要因素。湛若水从中正心性的角度，更看重存养功夫。存养功夫，在今天的学习理论中，就是记忆和知识积累。湛若水认为，没有长期的不懈的存养功夫，要“全体天地之性”是不可能的。他在给方西樵的信中说，陆九渊常言：“存久自明，何待穷索？”这就是记忆。知道哪些是该存养的东西，也就明白了该从哪里发展。“识得此意，以诚敬存之”，知而存之，“存久自明”，这是通过记忆而获知也。“知行交进，所知所存，皆是一物。”“体之而乐，亦不患不能守。”湛若水在这里通过解读陆九渊的学习主张，强调了知而存之，存而知之，知行交进，所知所存对体认天理的重要性，实际也是强调了对感知、注意、记忆等学习能力的培养。

由此看来，湛若水的学习观是强调意念参与的学习观，即强调要发挥“心”的主观能动性作用于学习，体现了学习的主体性和主动性。正是基于这样的学习理念，湛若水对当时教育界盛行的记诵章句的学风相当不满。他说：“经者，圣人精意之寓也。而云糟粕者，盖为诵言忘味者言耳。古人读书不过以开放聪明，不可牵缠此心也。”什么叫牵缠此心，就是沉溺于章句记诵之病。湛若水强调，经书乃是古代圣贤精义之寄托，读书的目的是借此开放心之聪明，绝不能让章句记诵这样的糟粕缠绕、遮蔽了此心。

2. 问

问是学习过程中发现、审查、探求、尝试的活动方式。在学习中，无论读书、格物、体认，总会有疑问，问是学生学而不得其解的具体表现，是进一步深入思考、探索的前提。所以“问”是建立在疑的基础之上。要敢问，能问，首先必须要敢疑。陈献章在这一方面给湛若水很好的启发。陈献章认为：“前辈谓学贵知疑，小疑则小进，大疑则大进。疑者，觉悟之机也。一番觉悟，一番长进。”前面介绍的湛若水所写《求放心篇》，湛若水对孟子的“求放心”主张就提出了疑问，可见湛若水对老师的这个主张心领神会。湛若水也认为，学之所贵，就在于敢疑；不敢疑，学问不可能进步。《樵语》中记载：“甘泉谓门弟子曰：‘诸生何其不切切尔也。譬□□□焉，行则有歧，歧则疑，疑则问。不问者不行者也。’诸生悚然。”学生之所以感到“悚然”，是湛若水强调“不问者不行者也”。如果学生在学习中不敢问，不能问，后面的学习环节，特别是“行”就不可能有质量地完成。

3. 思

思是选择知识、引申知识、归纳知识，提升理性认识的学习环节。只有通过思维加工，才能将学、问得来的感性认识上升为理性认识，才能内化到主体认知结构中。所以，古代儒家大师皆强调学与思结合，学与思是一个互为条件、互相促进的紧密联系的统一体。湛若水也是如此。有学生问“思”，湛若水回答说“虚灵知觉，思也”。我们已经知道，虚灵乃是湛若水所说的“初心”，要使初心能“知”能“觉”，必须要靠“思”的功夫。学生继续问：为什么？湛若水答道：“本体全则虚而明，有以照物，如鉴空而妍媸莫逃。是谓思则得之，无思无不通也。”这句话是说，要求得全体天地之性，要使虚灵之心能明彻，必须通过“思”。思则得之，无思无不通也。因为学、问所获得的知识、经验是零碎的、杂乱的，必须通过思维对其加工，处理过滤，才能使知识系统化、结构化。

4. 辨

辨是思的深化。辨是现代心理学所揭示的分析、综合、判断、归纳、概括、抽象等思维方式。明辨就是要求运用这些思维方式对思所获得的认识进行再加工，去伪存真，去粗取精，以便最终形成正确而系统的知识结构。古代教育家重视辨这个学习环节，是因为它能促进学生辨别是非，改过迁善，有助于对所学知识的辨别和批判继承。《雍语》中有一段记载："甘泉子曰：'夫学而知所疑也，学之进也。如行路然，行而后见多岐，见多岐而后择所从，知择所从者，进乎行者也。'""或问：'学何贵？'甘泉子曰：'学贵疑，疑斯辨，辨斯得矣。故学也者，觉此者也。'"湛若水在这里强调，学习而知所疑，学习才能进步。好比行路，遇有路途多歧而要选择所从，这就需要辨。学贵有疑，疑则须辨，辨则有得。

以上学、问、思、辨都属于思维的活动，表现出人们在学习过程中的不同形态、不同程度的思维活动。古代教育家都强调了学习的过程是无疑—有疑—解疑的过程，学、问、思、辨正是完成这一过程不可或缺的学习环节。

当然，古代教育家还十分推崇思维的一种高级形态，即"由博返约"。所谓博，是指广博地学习；所谓约，是指在融会贯通之后，简明精要地提炼其核心知识。这是思维高度概括的表现，是驾驭知识的一种能力。特别是孔子提出要"约之以礼"，更为学习活动指明了方向。湛若水则看到这种思维方式对体认天理很有意义，他说："随处体认天理，与博约一贯同，皆本于精一执中之传。博文约礼，还是二句，然则一段工夫，一齐并用，岂不是同一体认天理？"体认天理需要不断地积累、存养，因而也需要博约功夫，特别是湛若水认为这二者都是以精一、执中为本，这对体认十分有意义。表面看起来，"博学于文""约之以礼"是两句话，其实是一段功夫，都是体认天理的功夫。《樵语》中载，有一次，湛若水对学生说："而知博约之义乎？观蜜之采采，则知博文矣。观蜜之酿而成，则知约礼矣。今之儒者，强记而冥行，其诸异乎颜氏之子之博约矣。"湛若水以蜜蜂采蜜为比喻，形象地表达了博与约的关系。有学生追问："把博约比拟于蜜蜂采酿，能把道理说透吗？"湛若水答道："还不行。蜜蜂采蜜酿蜜，那只是制造外物。而体认天理，博之，博我也，约之，约我也。天理体认只是我自有之也，哪里是制造外物？”湛若水在这里讲了两层意思：一是说博与约的关系犹如蜜蜂采蜜与酿蜜，采蜜要多要博，酿蜜则要提炼。但不管是采还是酿，其对象都是蜜，即都是精华。当今的那些儒者，只是在那儿死记硬背那些章句，这根本不是颜渊所提倡的博与约。另一层意思，蜜蜂采蜜和酿蜜，只是在制造外物，而我们的体认天理却是在体认心中固有的天理。

博约之思，除了能精到地领略知识的真谛外，湛若水认为它对学习还有一层促进，那就是有助于“闻一知十”，有助于形成系统的知识结构。《知新后语》中载，有学生向他请教“闻一知十”，湛若水回答说：对一个道理能首尾理解透彻，这就是颜渊的博约之功啊。湛若水认为只有加强博约之功，才能达到闻一知十的效果，才能透彻地认识世间道理。所以他希望学生能够锻炼和提高这种学习能力，他说：“颜渊学习，闻一知十，学问从头到尾，没有不了然于心。子贡也向孔子学习，只能闻一以知二。举其一二而遗漏了八九层知识，这就是差别了。所以这里讲一，讲二，讲十，都是以同一件事而表现出不同的结果，是故浅深之程度相悬矣。《易经》中说‘精义入神’，说的就是闻一知十之谓也。”

5. 行

行是学习的终极目的和认识深化的必要手段。道德要成于内而形于外，道德修养的最终目的是要见诸行动。湛若水从心学理论出发，对行这一学习环节有着特别的看法。

首先，湛若水认为事上磨练，动静交养是体认天理的必需条件。他在给余督学的信中说：“古之论学，未有以静为言者。以静为言者，皆禅也。故孔门之教，皆欲事上求仁，动静着力。”他在信中引用了很多文献，关键在强调一点，于静中见天理是荒谬的，是禅学。为什么？因为静不可以致力，才致力，就已经是非静了。也就是说，体认天理必须在动静交养中进行，行贯穿于体认天理的全过程。这个观点在一定程度上反映了知与行的关系。行涉及两个方面的内涵，即内行和外行。内行表现为思想、情感、意识之流行，外行表现为外向体现的身体运动。它们是两相合一的而不是相互分离的。湛若水在这里强调的动静交养实际就是知行合一，它其实是人们现实生存的真实状态。

其次，湛若水强调，体认天理的意念产生，就是行的开始。他认为后世儒者对“行”字误解了，以为要行动了才算是行。他说：“殊不知行在一念之间耳。自一念之存存，以至于事为之施布，皆行也。且事为施布，岂非一念为之乎？所谓存心即行也。”就是说，一念之存，以及事之施行，都是行。所谓行在一念之间，即在湛若水那里，行就是意念的萌发，是一种存养的功夫。他多次提到孔子的“居处恭”“执事敬”“与人忠”，都意在强调意念的存养功夫。这个观点还是很有道理的，在日常生活中，我们如果发出某种行动，都是在某种“心意”的主导下进行的。例如“知渴”则饮，“知饿”则食。因此，知既是行的主导意识，又是行的起点或开端；行则是知的外在行动，是知的贯彻落实。

再次，湛若水还强调，学习本身就是意、心、身共同作用的活动，所以学习必须伴随行而进行，必须付诸行动方可明理。他在给陈惟浚的信中说：“明德新民，全在止至善上用功，知止能得，即是知行合一，乃止至善之功。其古之欲明明德二节，反复推到格物上，意心身都来在格物上用功。上文知止定安，即其功也。家国天下皆在内，元是一段工夫，合内外之道，更无七段八段。格物者，即至其理也，意心身于家国天下，随处体认天理也。”“所谓至者，意心身至之也”，“世以想象记诵为穷理者远矣。”不论是明明德，还是新民，只有知行合一，才能达到止于至善的目的。至于意、心、身的修炼以至家国天下的治理，都是知行合一的功夫。那种认为靠想象、记诵才能穷理的观点远远偏离了学习的初衷。

况且学习的目的是成人，而成人的理想是“文质彬彬”，这是孔子提出的君子之标准，湛若水很为赞同。有学生问“文质”，湛若水告诉他：所谓质者，是表现为人的内在素质。其体现在心，最根本的是忠信。所谓文者，是表现为人的外在华采。其遵行于道的礼仪，是为仪文。有忠信而无文，或徒有仪文而不忠实，都不算是人格完美的体现。要使文与质有机融合，必须做到实德积于中，畅于四肢，行于动静。只有内外合德，才能称之为有德。

美德由内而外，习惯成自然，才能成为文质彬彬的君子。

所以，知行并进是湛若水学习观的核心。他在给顾箬溪的信中说：“夫学不过知行，知行不可离，又不可混。”他列举了《说命》《中庸》《论语》《孟子》，以及宋代的程颐等先贤的观点，然后说：“若仆之愚见，则于圣贤常格内寻下手，庶有自得处。故随处体认天理而涵养之，则知行并进矣。”湛若水在此强调，知行并进是历代圣贤所主张的学习要义，只有坚持从圣贤的“常格”中寻学习的下手处，才能做到随处体认天理。他告诫学生，不要把知与行分割开来，不要抱有今日知明日行——今天先把书读完，明天再去行的观念，因为那是错误的。他说：“谓之笃行，即时察见，即时操存，自念虑以达于事为，皆是也。”所谓行，就是即时察见，即时操存，从一念即起到具体实地操作，这都是行。正由于此，他强调：“岂学问思辨之外别有所谓行也哉？故曰：知行并进者如此。”哪里有在学问思辨之外的行，学问思辨本身就是行，这就是知行并进。

从学习的角度看，学习是个体全部心理活动积极参与的过程。学习不外就是知行，知是行的发端，行是知的实质。知行不可离，也不可混。古代教育家所提倡的学问思辨行主张，在一定程度上揭示了学习过程的整体性、全面性和统一性，揭示了学习心理活动的特点和规律。湛若水正是继承了这个传统，他特别强调实践和求知的关系，并强调儒学本身就是一门活生生的学问，是生活中的学问。特别是他对读书与修身结合的推崇，使他的学习观契合了学习规律。

三、强调自得乐虚灵

从学问思辨行的主张中，我们看到湛若水的学习观具有主体主动性的特征。正因为他强调学习主体的主动性，所以他也特别重视学习的“自得”。他认为：“天理在心，求则得之。夫子曰：‘我欲仁，斯仁至矣。’但求之有方，勿忘勿助是也。”由于天理在心，所以体认天理只能靠自得。当然这里的关键是要做到“勿忘勿助”，勿忘指不要忘记、不要放弃了对天理的追求，勿助指不要拔苗助长。只要做到不放弃不急躁，就会在勿忘勿助的坚持中前行自得。湛若水的这个主张是符合学习规律的。从学习实践看，知识的获得总是通过外在条件而转化成内在的体悟，所以自得是一种重要的学习原则。自得是主体的人在自我体悟中获得认知，完成涵养功夫，实现人的自我觉醒。

“自得”这个观点最早源自孟子。孟子从性善论出发，认为人心之善为人心固有，学习最重要的方法就是要认识自己心中的善端。湛若水从心学理论出发，十分认同这一学习原则。他在给王阳明的信中说：“孟子深造以道，即格物之谓也；自得之，即知至之谓也；居安、资深、逢源，即修、齐、治、平之谓也。”由“自得”而获得的认知和涵养，才有可能居之安，资之深，左右逢源而达之天下。湛若水将这一学习原则贯穿于学问思辨行过程中，就是将自得视为修养心性而达到作圣目的的涵养方法，以自得来强调学习主体的内在的、自我精神的觉醒。具体来说，欲“自得”的实现，湛若水要求学生必须做到致虚、慎独、和乐。

1. 致虚

学习欲求自得，首先要致虚。前面我们谈到，湛若水认为虚无是宇宙的混沌状态，心之本体也处于这种状态，即为初心，洞彻光明。人心于此萌动，无有不善。他在给郑启范的信中说：“夫至虚者心也，非性之体也。性无虚实，说甚灵耀？心具生理，故谓之性。性触物而发，故谓之情。发而中正，故谓之真情，否则伪矣。道也者，中正之理也，其情发于人伦日用，不失其中正焉，则道矣。勿忘勿助，其间则中正处也，此正情复性之道也。”这段话的意思是，心的本质是至虚，当时尚未受到物的遮蔽，此时的乍动便最为纯洁。然一旦接触事物，心便有可能偏离中正之轨而受到遮蔽。所以湛若水要求人们在学习中首先要致虚，保持初心，方能求得心之中正。

这里，湛若水是从心学理论角度来阐述致虚的道理。其实从学习规律讲，所谓致虚就是虚心。要能自得，首先要虚心。虚心方能学习新知识，虚心方能使人进步。

有学生问道：为什么人们的学习难以求得进步？湛若水回答：“中有物也。有物则梗。梗则滞。今之功名利达，其学之大梗也与。”如果被物欲所梗阻，心则不能虚，学习便难有进步。湛若水特别强调，目前大家崇拜的功名利达对心的遮蔽，成为当今社会学习进步的最大障碍。还有一个相似的问题，有学生问：“学无日新之益，何也？”湛若水说：“在廓清之而已矣。廓清之则本体不污，本体不污则光明自生，日新之谓与。”所谓廓清，就是清除心中的遮蔽物。湛若水强调，只有将心中的遮蔽物廓清，才能本体不污，本体不污则光明自生，学习日新。

那么，怎么才能有效地廓清心中之遮蔽物？湛若水认为特别要注意“旧见”的问题，因为人们已经形成的“旧见”“成心”常常会遮蔽初心。他说，“旧见不去，无以来新知。如汲井然，浊者不去，则清者不生。”在以往生活中所沾染的成见，在以前学习中所形成的旧见，都会影响人们对新知识的吸收。湛若水指出，清除旧见就好比清理水井，不将污浊之物除去，水则不清。可见，要致虚，必须清除心中沾染的成见，也就是前面所说的须煎销习心。他对来书院学习的学生说，学习的最终目的要达到将习心清除而不致再生成，“诸生今日之相聚也，不去成心，他日可保乎”你们今日相聚于书院学习，如果不努力清除习心，将来的学习是很令人担忧的。

对此，湛若水很赞赏舜和禹有天下而不据为已有的胸怀。他说：“舜、禹有天下而不与焉，不以己与之也。不与则无所蔽。无所蔽则常与天地万物为一体矣。”这里的“已与”，作据为已有理解，舜、禹有天下而不将天下据为已有，则无所蔽，便心无所梗，便始终保持至虚的心态，就能与天地万物浑然一体了。

湛若水所赞赏的至虚之心即是“初心”。《明儒学案·甘泉学案一·语录》载有他的一段话：“人心一念萌动，即是初心，无有不善，如孟子乍见孺子将入于井，便有怵惕恻隐之心，乍见处亦是初心复时也。人之良心，何尝不在？”人心之念萌动之时，便是初心。初心无有不善，如孟子乍见儿童将入井中所萌发的恻隐之心，就是初心。但在接触到世上一些不好的东西，听到一些不健康的声音，“便不是本来初心了”。所以，湛若水告诫学生，孟子强调在人心初动之处扩充涵养，以保四海，就是让人们留住初心，不忘初心。这也是前面所说的“识种子”，湛若水说：“若识得此一点初心真心，便是天理。由此平平坦坦，持养将去，可也。”

湛若水的致虚主张来自老师陈献章的启发。陈献章曾赠他一首诗，其中有这么一句："至虚元受道。"又对他说："虚实二字，可往来看，虚中有实，实中有虚。"湛若水于此深有体会，他认识到"太虚中都是实理充塞流行，只是虚实同原"。所谓虚，是指天地之虚，即心虚。所谓实，是指天理充塞流行之实，是行动之实。这就是虚实同源。所以湛若水强调学习也应虚实并进，虚则心虚，实则行实，"心虚则受善也无穷，行实则进善也不息"。而要做到行实，则心虚为前提。湛若水强调：圣贤之进德修业在虚而已。要实现小贤则要小虚，要实现大贤则要大虚。"是故君子之学，固当虚其心，以为进修之地。"湛若水曾在一首诗中写道："随处体认天理，六字千圣周行。万里一心感应，虚灵中正观生。"

这就是自得的功夫。

2. 慎独

欲求自得，还要注意慎独的功夫。慎独是指人在独处之时，一定要怀着谨慎恐惧的心理，不可放松学习与修身。其深层之意则在强调学习是为自己，而不是做给别人看。因为师友相观而善，相互督促，格物体认或许容易做到。然一人独处，能否抵制物欲的诱惑，这是个考验，湛若水则说这也是一段功夫。他说："体认天理与慎独，其工夫俱同。"湛若水强调，独者有独知之理。如果独处者认为这时的行为只有自己知道，别人不知道，甚至还做出一些非中正的事情，那就丧失了体认天理的一个绝好机会。"故独者，天理也。此理惟已自知之，不但暗室屋漏，日用酬应皆然。慎者，所以体认乎此而已。若如是，有得便是天理，便即王道，体用一原也。"独处之时所体认的天理应是独特的。这时不但室暗屋漏，而且日常生活及各项应酬也都照常，都是体认天理的场景。独处须慎，就是绝不放过这样的体认时机，更不借故放纵自己。所以湛若水指出："戒慎恐惧是工夫，所不睹不闻是天理，工夫所以体认此天理也，无此工夫，焉见天理？"慎独之功夫就体现为不睹不闻，即凡非礼之视、听、言、动则一律不做，始终怀着戒慎、恐惧的警觉。如果没有这样的功夫，怎么能体认天理？这就是湛若水重视慎独的理由。他在给陈宗亨的信中说：慎独与格物，其实都是一段工夫。格物者，目的是探索天理。所谓学问思辨行等行动，就是须亲身去探索，去体认。所以，“近而心身，远而天下，暂而一日，久而一世，只是格物一事而已。格物云者，体认天理而存之也”。这一句话很重要，湛若水强调，无论是近及其身，还是远至天下，或是暂居一日，或是久居一世，都只是格物一事。如能坚持慎独格物，那才能真正自得。

3. 和乐

和乐是一种学习态度，是一种以自得为乐的心境。欲求自得，须致虚，须慎独，但并非要苦着脸，并非要做一个苦行僧。湛若水强调，只要怀着以自得为乐的心境，就能享受到自得的快乐。有学生问：“学而时习，何谓也？”湛若水回答：“学其觉也，觉其心之神明也。”学习就是追求心之觉醒、觉悟，感觉心之神明。他认为，心之神明之所以会遭遇昏暗，那是被习心所遮蔽。所以要通过读书，使人觉醒，好比是从睡梦中被唤醒。再加上不时温习、存养，行便萌发其间。知行合一，则“悦焉，乐焉，君子焉，其皆本于此乎。君子非有他也，即悦、乐而不愠在焉所，性分定也”。喜悦、快乐、君子都由这知行合一的学习中产生，君子的境界就是在这样的学习中充满着喜悦、快乐而不苦恼。这就是和乐。

那么，怎样才能拥有和乐的心态？湛若水的观点是“敬”。有学生问：“敬怎么是达到和乐的条件？”湛若水说：“敬者一也，一者无欲也，无欲则洒然而乐矣。”只有怀着恭敬之心目标才能专一，目标专一了人则无欲，人若无欲则洒然而乐了。湛若水在《寻乐斋记》中还说过：“所乐何事？甘泉子曰：‘乐则无事，无事故乐，有事非乐也。’”为事所累，当然快乐不起来。只有无欲，才能无事。只有怀着“敬”之心态，才会有自得之乐。

又有学生问：孔子一会儿发愤忘食，一会儿乐以忘忧，那怎么生活啊？湛若水说：“你们怎么老想着发愤啊，快乐啊，为什么不把忧与乐合为一事，这哪里是两段功夫呢？”

为了让学生认识洒落的学习境界，有一次，湛若水询问弟子：“你们知道学习的境界吗？”弟子们赶紧求教。湛若水说：“就是洒落啊！”弟子们再问：“什么是洒落？”湛若水说：“其廓清乎！”所谓廓清，就是要清除习心，做到无欲、无事。湛若水还有一首诗，题目是《示诸学者》：

> 心无一物，天理见前。何为天理？本体自然。
> 廓乎浑兮，四时行焉。勿忘勿助，圣则同天。

诗中强调，天理乃自然。要做到心无一物，要做到廓乎浑兮，最好的学习方法就是以自然为宗，从中便能体悟和乐自得之情。湛若水跟随陈献章学习，陈献章经常带领弟子于放浪形骸之外，仰俯宇宙之间，仰瞻高山，涉越惊涛，把酒放歌，洒脱自如，悠然得趣于山水之间。所以湛若水告诫弟子，对学习既不可沉溺，也不可厌恶，这两种情绪如果不廓清，不足以入道。

以和乐心态来学习，湛若水十分敬佩老师陈献章。他对老师的“采菊收菰，望高原而坐深林，与禽鸟鹿豕、风烟白云为伍，饮酒忘年以归尽”的和乐心态，对老师的“酒足而醉则歌笑以卧草野之间耳”的潇洒，对其“随时安命如此，非有道者其孰能之”的由衷感慨，对陈献章所怀抱“古道皆如斯，予复何求哉”的胸怀，湛若水都心领神会。陈献章有诗：“一曲尽一杯，酩酊花间迷。赤脚步明月，酒尽吾当回。”湛若水说，先生之志，岂在酒哉？陈献章有诗《和陶十二首》，湛若水说：“读之可想见先生之高风，足以廉顽立儒，为百世师矣。”

湛若水认为诗歌最能反映陈献章的心学奥秘，于是揭其所解，欲使人皆得解，作《白沙子古诗教解》。他对诗文的作用做如此的阐释：“夫诗文，何为者也？曰：人在言尔也。言者，心之声也。是故人不能以无心，有心不能以无言，有言不能以无音，有音不能以无章。言之有章，章而畅者，文也；言之有音，音而律者，诗也；皆心之声也。是故其心正者，其言淳；其心和者，其言顺。淳和生于心而达于言，故曰：仁义之人，其言蔼如也；忠信之人，其言确如也。皆心之为之也。”湛若水强调，诗文乃心之声，将心之声条理化并顺畅之便成文，谐音合律则为诗，所以诗文皆是心的作品。

正因为如此，湛若水将陈献章的诗歌精心整理，并详解其意，作为学生的阅读教材。他指出：要实施教学，离不开教材。白沙先生生前并没有写过教材，其教材之意寓于诗中。“是故道德之精，必于诗焉发之。天下后世得之，因是以传，是为教。”陈献章教学没有教材，其与学生相互唱和之诗歌就是其体悟天地万物精髓的心声。这些产生于风雨雷霆的诗作蕴含着大自然的启示，是学生体认天理的最好教材。湛若水对陈献章的诗作评价甚高。他说：“是故风雨雷霆皆天之至教也。天之至教，运而万物生矣；圣人之至教，行而万化成矣。”如能受到陈献章诗作的熏陶，则能得到“行而万化成矣”的效果。得大自然之启示，又于大自然中自我化育，这样的自得当然是和乐的。

由此看来，湛若水强调学习的自得，实际是在强调学习的动机、兴趣、情感、态度、意志这些属于非认知的心理因素。这些因素是人们学习的内在要素，对学生的学习和发展产生极大的影响，具有发动、定向、维持、控制、调节、强化等积极功能，能使学习朝着预期目标进发。《樵语》载，有一天，几个学生陪坐，湛若水喟然叹曰：“古之学者学诸海，今之学者学诸山。”学生问道：“何谓学山？”湛若水答曰：“学山者自高，故土或倾焉。”又问：“何谓学海？”湛若水答曰：“学海者自卑，故流必满焉。是故山有日损，海有日益，知损益之大，可与语学矣。”这句话其实是由荀子《劝学篇》的“积土成山，积水成渊”而来。学山者认识到高山是一堆土一堆土堆积而成，故不断地倾倒土于其上，即日损。学海者认识到河海是由支支小流汇集而成，故不断地注满低洼之地奔流向前，即日益。湛若水强调，学山学海之人，都是领悟到自得道理的人。懂得损益之道的人，才可以与之论学。

现代学习理论认为，学习不仅需要感知、注意、记忆、思维等认知心理因素的参与和作用，而且需要理想、动机、兴趣、情感、态度、意志等非认知心理因素的参与和作用，才能顺利地完成学习任务。中国古代教育家经过长期的实践和积累，已经直观地领悟到这些学习要素的重要性，并提出了较为系统的学习原则。湛若水很好地继承了这些教育遗产，并融进了自己的实践体会，所以他既重视学生的学问思辨行，又重视学生的致虚、慎独、和乐，以求自得。他的这些学习主张自成体系，独显特色，较好地体现了教育规律。《圣学格物通·进德业》这段话，可以说是湛若水对学习的经验之谈，能帮助我们进一步理解他的学习主张：

> 学之道，知行而已。学者，觉也。觉，然后知。疑而问，学聚问辨，以扩吾心之良知，知之事也。其道至大，不可不宽宏其心以体之，不可不纯粹其心以行之。宽居仁行，以存吾心之天理，行之事也。知行并进，如目视而足履，学之道尽于此矣。

第五章
书院办学，二业合一

讲完宗旨，讲完管理，讲完教学，接下来要讨论的问题是，湛若水的书院办学怎样才能去实现书院教育目标。

按湛若水的愿望，当然是希望把书院办成治心以立性命之所。在这里，求学者以“学心而已”为学习宗旨，通过读书唤醒心性，通过煎销习心来中正心性，通过尊师友群体悟亲民至理，通过学问思辨行最终体认天理。这样的书院理想正是湛若水当年将大科书院视为“退居求志之地”的初衷。

但书院办学并非遗世而独立，其办学目标也不能脱离社会现实。当时湛若水最为担忧，也抨击得最为激烈的，就是科举带给人们的功名利达对心的遮蔽。但是湛若水办学却回避不了这一现实，因为科举考试是朝廷鼓励读书人要走的一条路。科举考试给人们带来的最显性的好处就是功名利达，于是，湛若水的书院办学面临着一个很现实的问题，即“德业”与“举业”的关系处理问题。所谓德业，即修身之功夫。所谓举业，即科举考试之功夫。这二者有点类似于我们今天的德育与智育的关系。那么，湛若水会把书院办学目标定位在哪？湛若水会如何处理这二者关系？

一、德业举业本一事

从前面的介绍可知，湛若水对学习最重要的期待，是学者应恪守“一段工夫”。因为他认定人心与天道合一，故整个宇宙间，心事一体，内外合一。因而随处体认天理，本来就没有人心与天道的分离。但当时的教育现实是，由于科举的盛行，且功利明显，人们把修身与科举割裂开来，甚至对立起来，于是带来了所谓“德业”与“举业”的分离，由此也带来了书院办学的目标定位问题。湛若水认为，这种分离状况是当时教育的最大弊端，也是影响书院教育方向的最大障碍。不解决这个问题，书院的办学目标就会发生偏离。因此在大科书院时期，他就告诫学生不可将二业支离。到南京任官后，他进一步思考这个问题，并由其朋友黄纶将其有关言行整理成册，定名为《二业合一训》。所谓二业合一，即指将德业与举业相统一，“以举业为德业之发，以德业为举业之本”。这就成为湛若水在书院办学目标上所坚持的主张。

1. 二业合一论的理由

为什么湛若水在书院办学中要坚持二业合一？我们主要从两方面去理解。首先，湛若水的身份决定了他必须坚持二业合一的主张。我们知道，湛若水不仅是个学者，还是朝廷命官，这种双重身份决定了他必须在这二者中做出选择。其次，当然也是最重要的，湛若水的“随处体认天理”决定了这一选择。既然随处都是体认天理之地，那举业也就自然是这样的“随处”。正是这样两个理由，使湛若水做出了这样的选择。湛若水早在《大科书堂训》中就已经向学生提出了“二业合一”的学习要求：

> 科举乃圣代之制，诸生若不遵习，即是生今反古，便非天理。虽孔孟复生，亦由此出。然孔孟为之，亦必异于今之习举业者。其根本上发出自别。故举业不足以害道，人自累耳。学者不可外此，外此便是外物也，为病不小。
>
> 诸生慎勿以德业、举业为二段事干。涵养，吾德业，则发挥于文章，句句是实事。如老人自是老人声气，隔壁闻之可知其为老人。自涵养发出，遇明有司，见之即知其人矣。
>
> 科举之学，合下立心，便分义利。义利便君子、小人悬绝，岂可不痛省而甘为小人之归？且读书以明心性，体贴此实事，根干、枝叶、花

实自然成就。而举业在其中，此义之谓也。若读书徒事记诵，为举业之资，以取科第、爵禄，便是计功谋利之心。其大本已失，此利之谓也。舜与跖之分，间不容发。诸生当自猛省戒勉。

吾今教人，不外科举就有至理。恐人又倒在一边，只在科举上立命，是不悟我之至意。吾意正欲人读书、作文不失本领，就根本上发出枝叶。此同行而异情，不可不知。

这些话，湛若水向学生表达了这么一些观点。第一，科举是“圣代之制”。也就是说，科举之制是当今朝廷重要的选材制度。即使孔子、孟子生活在今天，他们也必须通过科举才可能去创造圣学理论。所以首先必须承认这一现实。第二，诸生不可把德业、举业看作“二段事”来干，德业为举业之基础，举业不足以害道，社会上将其视为“二段事”实在是危害不小。第三，对待举业的不同态度会显现出义利的差别，如果仅为取科第、爵禄，便是计功谋利之心，便失去为学之大本。第四，书院教育不可偏执一端，必须二者兼顾。

2. 德业与举业的关系

那么，在书院办学中怎样贯彻“二业合一”的方针？湛若水在《圣学格物通·学校篇》中说了这么一段话：

圣祖立科举之法，使之读圣之书，蕴圣之德行，发圣之言，因言以观其蕴，因蕴以授之官。此其良法美意也。奈何士习既久，买椟还珠，驰骛于文艺而遗弃其本，实遂使德业、举业判为二途，而先王德行道艺之教，几乎熄矣。《易》穷则变，变则通，惟圣人为能通其变，必上之所以教，下之所以学。内外、心事合一，以举业为德业之发，以德业为举业之本。易其志而不易其业，合本末，兼体用，一以贯之，斯贤也，斯能也，斯俊杰也。用之于国则国治，用之于天下则天下平。然后学校之教，名实相须，而圣人之道明，先王之旧复矣。

这段话比较长。聚其要点，大致就两层意思。第一层，科举之法的本意很好，无奈后世士习败坏，“驰骛于文艺而遗弃其本”，遂使德业、举业判为二途。其危害，使先王德行道艺之教，几尽丧失。第二层，书院教育必须拨乱反正，以举业为德业之发，以德业为举业之本。学生在学习中要做到易其志而不易其业，合本末，兼体用，一以贯之。

为什么要做到二业合一须“易其志而不易其业”？这里讲的“志”，是指立志于举业之志，即只要改变举业之志而无须放弃科举之业。湛若水强调，朝廷立科举之法，根本的是要促使大家读圣贤之书，涵养圣贤之德行，阐发圣贤之理论。所以德业、举业，表面看起来是二业，其实只是一段功夫。“今夫修德业者从事于古训也，为举业者亦从事于古训也，是其业一也”。今之学者之所以视此二者为不同，关键是其志向发生了偏离，认为既要立志于德业，也要立志于举业，这就把一业分成了二业。因此，只要把立志举业的志向改变，坚持一个志向，即志于德业，反而可以大助举业，其读书也精，涵养也熟，于义理也明。故于举业，其辞畅，其旨达，其发于文，皆出自自得之实事。湛若水强调：“故不易业而可以进于圣贤之道者，举业是也；不易志而可以大助于举业者，圣学是也。”修习举业可以学习圣贤之道，修习德业可以促进举业，二者皆本于圣学，二业本来就是一业。

那么，怎么才能做到合本末，兼体用？湛若水在《二业合一训》中从两个方面谈了自己的看法：第一个方面，举业为德业之发；第二个方面，德业为举业之本。

首先，举业为德业之发。湛若水以作文举例。作文是举业的基本功，那什么才是作文的最佳境界？湛若水回答说：“存心以立我，以我而作文焉，斯作文之大者而已。二者得其大焉，是之谓道艺。道艺者，天下之小艺莫能敌之矣。小艺者，其譬诸雕虫小技也夫！其譬诸巧鸟好音也夫！”这句话的意思是，存养中正之心性以自得，以自得之体悟而发内心之声，这就是作文的最佳境界。既有自得之体悟，又能阐发内心之声，这才称得上是道艺。那些雕虫小技，那些巧鸟好音，只能称为小艺。小艺是无法与道艺匹敌的。所以要想写好作文，首先得“存心以立我”。

从作文的要素，湛若水继续阐述举业为德业之发的道理。他认为，判断一篇文章，只要看它的辞气，就能大致看出作者的修养程度。因为“言辞者，其精微之致乎”。文章之言辞是内心精微的流露，德以基之，辞以文之，无论是家国，还是个人，都能从其文辞中看出修德之端倪。所以，“古之有国有家者，修德以致其辞，修辞以崇其德。德以基之，辞以文之，而国家可保也”。湛若水从几个方面举例，首先从家国看，“家国理者，其辞雅；家国戾者，其辞淫”。其次从人看，“正人之辞严，吉人之辞谨，骚人之辞怨，清修者之辞约”。再次，从文辞看，“其辞雅者，其气和。其辞淫者，其气乖。其辞严者，其气肃。其辞谨者，其气昌。其辞怨以怒者，其气郁，其声切。其辞约者，其气纾，其声清以越”。最后，结论：“故曰，达者观其辞气焉，斯过半矣。”

读书也是如此。读书也是举业的基本功。湛若水强调读书之益在学古训。古训告诉我们，多识前言往行，以畜其德，识其知，是为了开发心之聪明也。多读圣贤之训，入乎耳，感乎心，是为了增广感知。于此而从事举业，举业之功则发自于心。但今天的很多人却不能做到这一点，因为他们读书只停留在口耳之间，心中之聪明并未得到开发。湛若水说：“是故古昔圣贤之经书，礼乐也，皆所以培养乎此也。夫然后能开发其知识，感通其义理。夫非由外得之也，我固有之也。藉是焉，以开发感通之耳。”只有抓住古圣贤经书的礼乐之精华，潜心体悟，才能开发其知识，感通其义理。而这些所谓知识、义理并非外来之物，而是内心所固有。内心之聪明一旦被开发感通，其从事任何工作，就如江河之奔流，沛然莫之能御也。为什么？因为“此心固有之也”。

有人对此说存有疑惑，说：为什么有人读书而得心病？湛若水回答说，读书关键要有涵泳持养之功，而不是去记诵章句。当年陶渊明读书，不求甚解。诸葛亮读书，不求记诵。只要怀着“执事敬”的态度，即使是酬应事物、游玩山水，也能获得穷格发明之益，豁然而悟，甚至还会有手舞足蹈、乐心广体之体验。所以，“圣贤之书将以养心也，非以病心也”。如果读书只记诵章句，必求之太深，索之太苦，这样只会为书所累，于举业不利。

其次，德业为举业之本。有人对湛若水的二业合一论提出质疑。他举了两个例子。一个例子是在“姑蘱”这地方有个陶某，道德品行相当污秽。但其文采极佳，“画能貌春意，诗能夺天巧，笔如有神，文如绘云”。他夺取乡试之第一，如拾地下之芥。这么好的举业本领，于他的德业有什么关系呢？另一个例子，在“戾鹤”这个地方，有一个泉某，色荒于内，酒酣于外，但他广博群书，思若泉涌，口若悬河，文若流水。他参加科举考试夺取状元，若探诸囊中之物。这又与他的德业有什么关系呢？“先生欺予哉。何二业之一？”先生你骗我啊，哪有什么二业合一之说？湛若水问道：那个陶某最终结局怎么样？这人回答：“以奸谋削籍。”因奸谋之罪行被家族开除了。湛若水说：是奸谋啊，说明这人是邪人。以邪人为正人之辞，虽侥幸得之，必终失之。如果以正人之德为正人之辞，哪会有削籍这样的结局？湛若水又问：那个泉氏其结局又如何？这人回答：“以淫荡褫职。”因淫荡而被罢官。湛若水说：啊，原来是淫荡小人。以小人为君子之辞，虽侥幸得之，终必失之。如果以君子之德，发君子之辞，哪会有被褫职之结局？湛若水的结论：“故二业合一，是谓自求多福。”可见德业为举业之本。

又有人问：二业果然是一段功夫吗？举业是如何本之于德业的？湛若水说：你见过越南、胡北的子女吗？越南、胡北的小孩刚生下来的时候，手足、头颅、耳目、口鼻的形状都十分相似，其哭笑之声也都十分相似。但随着年岁渐大，他们又渐渐地呈现出不一样了。这不是个别人，而是十百千万人。“何也？其习气之养使之然也。”生活环境、生活习俗导致了不同地区的人们在外貌、形体、语言上的差异。这个例子可以说明举业本于德业的道理。湛若水强调说，如果天天读着圣贤之书，天天说着圣人、贤人之言，天天做着圣贤之事，慢慢地，你的语言，你的文章，你的举业之功，就与圣贤之道很接近了。因为“学士之言也，夫言一也”，这就是“涵养之能化举业”的道理。

所以，湛若水强调：德者，业之本也；业者，德之蓄也。德与业非二也，“本诸心而体用分焉”，德与业都是以心为本而一体一用而已。湛若水说：“德何为而进也？内主忠信而无不实，心与道一而德进矣。业何为而修也？发吾心之诚而达于辞诚，以辞立而业居矣。”没有心与道的合一，没有天理的体认，其辞无以诚，其文无以章，何论举业？所以，德与业就是合一的一段功夫，决定其效果的就是求学习的极致，就是求知行的功夫。

3. 二业支离的原因

那么，为什么社会上会出现将德业与举业分开而论的现象？湛若水将这个原因归之于“支离”。所谓支离，就是“二”，将一段功夫分作两段事，将心与宇宙万物之道分为内与外、本与末、心与事等两截事。湛若水说：“后世儒者何其支离之弊也乎！岐内外、本末、心事而二之也。”这样的支离，导致人们将本为合一的体认分为内外、本末、心事而“二”之，特别是还在其中别是非，分轻重，是内而非外，重心而略事。尤其糟糕的是还以此标准来标榜为本与末，致使千百年来，道学不明。

有人问：德性、举业内外之事也，于何事内，于何事外？湛若水听后相当吃惊，他说：“噫！若子所谓支离之说也。”湛若水说，凡是将事物看成是两截事的，都是支离的表现。并不是说逐外而忘内是支离，是内而非外也是支离啊。“过犹不及耳”，不管偏执于哪一方，都是不对的。只有坚持德业、举业体用一原的原则，二者“显微无间，一以贯之”，才可以避免支离的弊端。湛若水警告说：“故率天下于支离之归，必自子之言矣。”你信奉这种错误的支离行为，那就相当危险了。

湛若水担心这种现象，甚至将其视为一种“异端”行为。什么是异端行为？湛若水说：“异也者，二也。夫端‘一而已’二之，则异端矣。”将一段功夫分割成两段事，就是异端。异端则会害道。有人追问：举业会害道吗？湛若水回答说：“非举业之害道也，人之自累于举业者之为害也。”并不是举业会害道，而是人自累于举业，即以举业为志向，沉溺于章句之学中，而丢弃了学习圣贤之学之本，这就损害了对道的探求。“至于为德业者，固读圣贤之书也，习举业者，亦圣贤之书也，夫何二？况举业又当时之制乎！故不外举业，而于是乎化其志焉。”为德业与为举业都是冲着一个目标，即读圣贤之书。现在的问题是，不能将举业视为另一件事而改变学习的志向。湛若水强调说：“能不为之夺志焉，则德业斯在矣。”只有不为举业夺志，德业才能健康发展。

湛若水又说：学者的毛病，我知道啊，全在二三其致。静坐时自静坐，读书时自读书，应酬时又自应酬。事归事，心归心。就好比人之身体，血气不通，安能有生？“敬”之未力也，才导致将内外分为二段而支离之。“合一之要，其惟执事敬乎。独处也，读书也，应酬也，无非此心一以贯之，内外上下，莫非此理。”湛若水强调，要克服支离的毛病，关键要做到“执事敬”，无论是独处也好，读书也好，应酬也好，都要以心一以贯之。

他在给徐曰仁的信中讲了同样的道理：“学者之病，全在三截两截，不成片段，静坐时自静坐，读书时又自读书，酬应时又自酬应，如人身血气不通，安得长进？元来只是敬上理会未透，故未有得力处，又或有内外为二而离之。吾人切要，只于执事敬用功，自独处以至读书酬应，无非此意，一以贯之，内外上下，莫非此理，更有何事？”

由此观之，在湛若水看来，德业与举业分离为二的问题，其根子还是在宇宙观上，在心与天地万物的分离。他认为，德业与举业支离为二的危害相当严重。“古之学者出乎一，今之学者出乎二，二则离，离则支。支离之患兴，而道之所以不明不行也”。古之学者将世界视为一体，今之学者将其支离为二，这就直接危害着对道的体认。湛若水强调：比如知与行二，那就不是真知行了；才与德二，那就不是全人了；文与武二，则世无全材矣；兵与农二，则世无善法矣。夫子之文章与性道二，则世不知圣学矣。心与事物二，则圣学不明不行矣。“呜呼！古之为学也，将以养才。今之为学也，将以坏才。”为什么？因为“其所以养之之本异矣”。教养人才之本丢了，教育之道也就完全偏向了。

至此，我们可以说，湛若水的“二业合一”办学目标，实际上就是要维护传统教育的“养之之本”，发扬德行道艺并重的教育传统，坚持读书与修身结合的书院传统。

二、敬学目的在修身

那么，书院办学如何才能实现二业合一的办学目标？

曾有人向湛若水问道：你为什么要以拳拳之心来力行二业合一呢？湛若水《二业合一训》中说：“吾实身践焉，吾尝试之矣。昔者吾自二十而学，至二十七年而举于乡，其业犹夫人也。自闻学于君子，舍举业而涵养者，十有三年。及乙丑之试也，而举业则若大有异夫昔者也，其源源而来也，若有神开之也。然犹有说焉，乃离举业而涵养也，犹若是，若夫不外举业而涵养存存焉，其成也勃焉矣。”这段话，湛若水以亲身经历和体会说明了二业合一的意义。湛若水说，他从20岁开始学习举业，至27岁考上举人，在考进士时却失利了，这说明他的举业水平只是一般般。但在拜师陈献章以后，舍举业而涵养，长达13年。后来再参加进士考试，则举业大有异也。其考试则有如神助，立论叙述皆文思泉涌。湛若水由此进一步反思，如果当初不把举业看作是修德之外的事，二业合一，举业与涵养共存，其效果会更显著。

根据这个亲身体会，他在大科书院教学中就要求学生：“诸生慎勿以举业、德业为二段事干，涵养，吾德业，则发挥于文章，句句是实事。”湛若水认为科举也是圣贤的创举，学习举业本身就具有合理性，诸生若不遵习，即是生今反古，便非天理。关键是在学习中要坚持二业合一。他强调，学习应以德性为本，而达于事业。要在学问、思辨、笃行的基础上，开发聪明，而成德行。要在体认天理的基础上，达到知至、意诚、心正、身修而至家国天下之治的功效。但如果一味追求科举之利禄，只是背诵应试之章句，则丢弃了科举之本意。他希望学生能够认真修习道德文章，做到以道学为标准，以知行为功夫，以文艺为华彩，以事业为结果，最终成为“所养所用”的人才。综观湛若水书院办学之主张，他认为要实现二业合一，关键要做到三点：一是坚持涵养与问学合一的原则，二是坚持勿忘勿助的学习原则，三是坚持主一的原则。

1．涵养与问学合一

涵养即德性的修炼，问学即知识的探索，湛若水将其比喻为车之两轮，强调在教育过程中这二者是合一的。他说：“涵养须用敬，进学在致知，如车两轮。夫车两轮同一车也，行则俱行，岂容有二？”车有两轮，不能说哪一轮重要，哪一轮不重要，必须两轮同时着力，车子才能前进。涵养与问学就如车之两轮，对人的发展具有同等重要的意义。他说：“涵养而知者，明睿也。问学而知者，穷索也。明睿之知，神在内也。穷索之知，明在外也。明睿者德性，德性则可以入圣矣。穷索者思虑，思虑则可以入贤矣。”这段话是说，涵养与问学对人的发展具有不同的功效。涵养而知，使人明睿，而获得内在神韵。问学而知，促人思索，而获得外在聪明。内外兼具，这样才能成为圣贤之人。湛若水在这里强调，人的发展既要求明睿，也要善思虑，所以只有涵养与问学合一用功，才称得上是善学。

那么，怎样才能坚持涵养与问学合一原则？

首先，要立本。“本体立则事皆天理”。读书的目的是开发心之聪明，即立心中之本。心中之本立则实践任何事都能体认天理，不必事事追寻古人之迹，因为自己心中自有天理在。湛若水强调：“是故学之于书也，取其培养此心而已。诵读之时，此心洞然，如镜照物。”开发此心，即是涵养，读书的目的也是培养此心。诵读之时，此心洞然，如镜照物，涵养与问学由此趋于合一。

湛若水还有一个说法，即“存神”。有人问：二业之功怎么体现？湛若水说：“在存神。神也者，德业之妙也，举业之主也。是故存神而二业一矣。”神是什么，确实比较玄妙。湛若水也说神只可意会，不可以言尽也。成语中有“心领神会”一词，大致可以帮助我们理解湛若水之所指。湛若水说神是德业之妙、文业之主，要存神才能二业合一。

有人再问：如果没有达到存神的境界会怎样？湛若水说：一个病萎之人，其口齿唇舌都还具备，但不能成言，为什么呢？因为气不足而神不主也。“故神全则气全，气全则其发诸言也达，其为文辞也畅。反是则神散，神散则气散，气散则其发诸言也谬。其为文辞也落莫而不章，无怪其然也。”所以，神聚和神散直接关系到气之聚散和文辞的畅顺与落寞。那这个“神”就很重要了，涵养与问学的合一也就十分必要了。

有人接着问：那么，神气之聚散是怎么形成的？湛若水说：“邪视则能散目之神矣，邪听则能散耳之神矣，邪臭则能散鼻之神矣。是三神者一也，皆本诸心也。邪言则能散心之神矣，故在敛之而已。目视书而目不溺于书，故能敛目之神。耳听书而耳不溺于书，故能敛耳之神。口诵书而心不溺于书，故能敛心之神。神完而固，言发而昌，辞成而浑，其古之德行道艺者与。”邪视、邪听、邪臭、邪言会直接涣散心之神，因此在读书时要注意敛心提神。湛若水的意见，读书千万不能沉溺于书中，即不能只盯着那些章句，只用功于背诵，而把“心”抛在一边。所以，涵养与问学合一就十分必要了。

其次，要做到涵养与问学合一用功，湛若水要求人们在学习中要内外兼举，动静交养。他认为道并没有内外之分，因而涵养须动静交养。他说：“夫道无内外，内外一道也；心无动静，动静一心也。”又说：“夫天地至虚而已，虚则动静皆虚，故能合一，恐未可以至静言。”宇宙运转本身就因动静而合一，所以修道不能仅仅强调“静”。落实到学习上，不能认为读书自是“静”，自可体认天理。其实在读书思索的过程中，已经蕴含了涵养的功夫，已经是动静交养了。

动静交养、内外兼举的主张，我们在前面已接触过了，它来源于湛若水的心学理论。湛若水认为，人之有心，莫不有知觉。有知觉不能不动而为情，外物触其情而交焉，则不能不流，流而不息，莫知所止，则不能不反躬天理以期终止，即不能放任自流。这就是心之运动的动静交养。所以湛若水认为：“故终日读书、作文、酬应万变，而吾有主焉。”所谓吾有主，就是身处任何之地，其实心都在运动。例如，怕热而求凉者，是因为他感受到热了；怕渴而思滋润者，是因为他感受到渴了；怕动而求静者，是因为他已感受到动了。“何者？动系于念，不系于事也”。只要思维开始运转，这就是“动”，而不限于做事之实践。所以，“所谓随处体认天理者，随已发未发，随动随静。”“如欲铁之精，不就炉锤，安可望精？”你欲求铁之精，必有炉锤冶铁之动。这就是动静交养、内外兼举的道理。

因此，在大科书院的教学中，湛若水就要求学生要将平时的学习与涵养修身结合起来。比如读书，他要求学生：“诸生读书时须调炼此心，正其心，平其气，如以镜照物而镜不动，常炯炯地，是谓以我观书，方能心与书合一。”他强调，读书时须调炼此心，正其心，平其气，这种心与书合一，就是孔子所谓的执事敬、《中庸》所谓的合内外之道、程颐所谓的即此是学，只有这样做才可能读书有进。“若以读书、主敬为两事，彼此相妨，别求置书册而静坐以为学，便是支离，终难凑泊。”又比如习字习文，他要求：“初学习字，便学运笔，以调习此心；习文便要澄思，以蕴藉此心，久之文字与心混合，内外皆妙。”习字之运笔，便是调习此心。习文之澄思，也是酝酿此心。问学活动与心混合，才能内外皆妙。湛若水强调："诸生每遇作文时就于作文上用功，遇读书时便于读书上用功，务令收摄，不滞不放，即是立敬。"不滞不放，即不停止不放纵。用功之道，在涵养与问学并进，这就是"立敬"。湛若水还特别强调了作文之心的义利之判："学者作文便欲胜人，欲人称赏，此便利欲之心，不可入尧舜之道。若但据吾所得发挥之，则为义理之心。"作文只求以吾心所得而发挥之，便是义理之心。联想到前面介绍的湛若水不同意给试卷评分，与此处的道理是一致的。

再者，要做到涵养与问学合一用功，湛若水还要求人们德才并举。湛若水说："德业合，斯可配天地。"德与业合，即德才并举。有人问：有才而无德者，何也？湛若水说："才与德合，其古之言才者与！才弗出于德，君子不以为才也。"德才兼备才是古人所赞誉的人才，才不出于德，古之君子不认为是人才。须德才兼备，必须要涵养与问学合一用功。

但也有人对此不以为然，说：今天达官贵人仅凭举业就够了，你太迂阔了，何必死抓住二业合一不放？湛若水说："今之人，材大者大用焉，小者小用焉。譬之材木之大小焉。其材固类也，或可以为栋梁焉，或可以为榱桷焉。何也？其大者，非常之材，得雨露之养于天也，得土力之养于地也，得栽培之养于人也。否则，小焉榱桷之材而已。其亦有起明堂、造宗庙也，将何须矣。是故二业合一则盛德大业备矣，天德王道之事具矣。夫是之谓王佐之才。"湛若水不否认那些仅凭举业之功就获得功名的达官贵人，但他认为，材木有大小之别，有栋梁之材，也有榱桷之材，榱桷之材只配做房屋的椽子，而栋梁之材则可以起明堂、造宗庙。所以二业合一培养的人才，犹如得雨露养于天地的栋梁之材，他们具备了天德王道之本领，完全是辅佐国君的王佐之才。

湛若水还看到，人才的成长并非一朝一夕所能成就，只有坚持涵养与问学合一用功，持之以恒。有一次，湛若水与人讨论二业合一的重要性。他说，比如下棋，只不过是门小技术，但没有专心致志的坚持，就不能掌握。凿石攻木之技术，是人们瞧不起的粗活，但没有专心致志的坚持也达不到精巧的程度，更何况举业的技术？而这个专，这个致，就是德业并举的功夫了。"故朝而诵焉，弗丧其心志。昼而讲焉，弗丧其心志。暮而思焉，弗丧其心志。五日三日而一课焉，弗丧其心志。心志存存，与举业俱神”。无论做什么事，只要持之以恒，不丧心志，德业和举业俱“神”矣。

有人接着问道：心志怎么能保全呢？保全了不是会再丧失吗？湛若水说：“习化而久，斯存存而弗丧矣。”习化而久，存存而弗丧，这就是湛若水的答案。这人继续问：“敢问习化之术，何如？”湛若水举了两个例子，说：你没有听说过鸷鸟之雏与骥马之驹吗？夫鸷鸟者，天下之健飞者也。其雏也，力能十里，但搏击至百里时则不行了。惟以渐而习之，今日十里，明日二十里，渐而至于百里，持之以往，以后虽万里也可至也。骥马者，天下之健步者也。方其驹也，力能五十里，驱之以五百里则僵矣。惟以渐而习之，今日五十里，明日六七十里，渐而至于五百焉，持之以往，以后虽千里也可至也。为什么啊？“其力能及之也，习使然也。夫天下之心性能健飞健走者，且犹习久而化之远，而况于人乎？”湛若水话锋一转，转向人之学习。他说，“士之学古训也，力及三行则至三行而止，存焉，弗失其本心。力及五行则至五行而止，存焉，弗失其本心。及其习熟而化也。力及三行者，可使及五行矣。力及五行者，可使及十行矣。以至百千而定力不夺，心与书相忘而合一，何则？习使之然也。”如果力及三行便半途而废了，或者五行十行便半途而废了，欲其不丧志，很难啊。

还有一个人找到湛若水，说：年龄错过了，当年没学过小学之学，现在感到忧虑，怎么办？湛若水说：“噫，惑甚矣。以吾观之，所缺者年岁焉耳，至于事则一也。今之应事接物也，至于读书也、作文也、作字也，则皆洒扫应对之类也，惟今日立诚以往耳。”啊，你错了！在我看来，你所丧失的只是时间而已，至于所从事的事则是一贯的。如今的应事接物，是读书、作文、写字等，这些事与小学之学的洒扫应对是一样的，只要从此立下诚心而从事并坚持下去就可以了。

这就是湛若水关于涵养与问学合一的主张。书院唯有坚持这样的办学原则，德业与举业的合一就有保障。

2. 勿忘勿助

勿忘勿助，我们在前面已经接触过了。湛若水在教育上倡导涵养与问学合一用功，无论是涵养、问学，还是执事，他都强调了“勿忘勿助”的基本功夫。“勿忘勿助”发端于孟子。孟子主张“养浩然之气”，浩然之气是一种精神境界，它不是靠一时的冲动所能成就的，须靠平日的“积善”长期沉淀而成。因此在平日的涵养中要乐于去做有“义”的事，即对正确的事，即使是小事都要乐于做。孟子说：“必有事焉，而勿正，心勿忘，勿助长也。”这里的“勿正”是勿止之意。这句话的意思是，对于正确的事，要认真去做，不要随意放弃或停止，既不要忘记，也不要拔苗助长。所以，“勿忘”有提醒、唤醒的功夫，即择善而固执之，念念勿忘于善。“勿助”是不要刻意拔苗助长，因为人格精神的养成不能急于求成，不能过分助长。只要功夫到了，它便渐次扩充，自然而然。

湛若水正是从这个意义上推崇“勿忘勿助”。他欣赏勿忘勿助的那种境界，即无需外力，自然而然，自我觉醒，他认为这是完成作圣之功必然恪守的前提条件，是自觉自得务须遵守的规则。他希望人们在修炼身心时能保持“勿忘”之态度，就是要求人们修炼身心不懈怠，积极发挥人的主观能动性；又能保持“勿助”之态度，即要求人们修炼身心时不急躁，要求尊重客观规律。综合来看，“勿忘勿助”其实就是要求人的意识对外物无所执着，而持守精神的专一。从德育角度讲，勿忘勿助实际就是道德情感养成和道德实践的功夫。

湛若水对勿忘勿助的重视，首先是他看到这种精神的专一有助于人们寻求心之中正，有助于心与天地万物浑然一体。他说：“勿忘勿助，心之中正处，这时节，天理自见，天地万物一体之意自见。”所谓心之中正处，就是那种自然而然的状态，就是初心的本然状态。处在这种状态下，天理自现，天地万物一体之意自现。这正是湛若水要求人们煎销习心，中正心性所追求的状态，而要保持这样的状态，须靠勿忘勿助。

另外，他看到，勿忘勿助又是一种功夫，是一种生活的功夫。人格精神的培养需要在方方面面用力，人的生活各方面，不论是顺境，还是逆境，都有一个人格养成的问题。湛若水说：“勿忘勿助之功，终食、造次、颠沛皆然。”勿忘勿助之功，可以作用在生活的方方面面，以促使人格精神的养成。也就是说，涵养与问学都须勿忘勿助的功夫，德业与举业都离不开勿忘勿助的功夫。

有学生感觉“勿忘勿助”很难入手，主要是在“勿忘”与“勿助”之间很难把握。他们说，经常是才用功做事，忽然又遇到不可助长了。或者是才刚刚放下，又错过了该做事的时机。湛若水说：“此个机括是自然的机括，其或忘或助，倒东倒西，只是机括尚生耳，熟后便见自然，此须假之岁月，一年、三年、五年、十年才到熟，未为晚也。此事袭取强为不得。”所谓机括就是对机会的搜寻和把握。湛若水在这里强调这个“机括”是个自然的机括，因此要把握它既不容易，又是关键，它需要人们假以岁月，认真修炼，功到自然成。

那么，书院办学怎样才能帮助学生把握“勿忘勿助”的功夫？

首先，书院办学要坚守“规矩”。在湛若水看来，“勿忘勿助”体现为对“规矩”的认识，即对客观规律的认识与遵循。他说：“勿忘勿助之间，正如规矩一般。欲为方圆者必于规矩，欲见中道者，必于勿忘勿助之间。千圣千贤皆是此路，此路乃中也。”自然之规律，乃在勿忘勿助之间，因此要把握勿忘勿助，关键是要对自然规律有切实的把握。但在人们对自然规律没有认识之前，就必须督促他们学习规矩，遵守规矩。规矩是秩序的保障，也是自然规律的体现。遵守规矩，就是对自然之道的体悟与认识。这就是湛若水所说的“中道者”，是人们的识道之路。湛若水批评那些动辄宣称不用勿忘勿助即可见道者，他质疑说：“乃未知学者，又焉得见道？”他举例说，像伊尹、伯夷、柳下惠等皆未把握识道之路，是因为他们“知之未至”，不能认识“天地万物一体之意”，也就不能把握“勿忘勿助”与“天地”的内在联系。所以，书院办学只有督促学生遵守书院训规，从行为习惯入手，帮助学生逐步认识其中的规矩，进而把握大自然的“规矩”，学生才能把握“勿忘勿助”的真韵。

其次，书院办学要督促学生加强道德修养。所谓规矩，湛若水在这里强调“此路乃中也”，即在遵守规矩之时还要加强对中和的追求，即加强道德修养。他说：“勿忘勿助者，中正自然之法也。如是则人心本体之中正，有不假丝毫人力而自然优游，厌饫而得之于心矣。”饫之意为饱食，厌饫即不放纵贪欲。这句话的意思是，勿忘勿助是中正自然之法，求心之中正也须用此法，不假人力，自然优游，不放纵贪欲。在湛若水看来，致中和乃修道立教之功用，人之伦理操守都是由中和所派生。比如，“何谓忠信？中心之谓忠，实心之谓信。人之心不实，由其不中。心若中时，何有不实？何以为中？既勿忘又勿助。勿忘勿助之间，心便中正，是谓之忠。心若中时，何有不实？是谓之信。”心之中谓之忠，心之实谓之信，欲求忠信，便在勿忘勿助之间。也就是说，书院办学，立规矩之目的是督促学生加强道德修养，于道德修养中求对勿忘勿助之把握。

有一年除夕之夜，湛若水召集各部同志诸君饮于新泉书院，共论大道。饮毕言曰：“诸君知忠信为圣道之至乎？学者徒大言夸人而无实德，无忠信故也。故主忠信，忠信所以进德，直上达天德以造至诚之道。忠信之外，无余事矣。”大言者，谎言也。有些学者以谎言夸人，这是无忠信的表现。而忠信是上达天德以造至诚之道的美德。他又接着对弟子说：“忠信者，体认天理之功尽在是矣。中心为忠，心中故实，是谓之信。心之不实，全是不忠不正之心为之。”有人问：“如何中心？”曰：“勿忘勿助之间，则心中矣。”

再次，书院办学要引导学生以自然为宗。湛若水说勿忘勿助之机括是自然的机括，而道德修养的极致就是自然。他说：“夫忠信、仁义、淳和之心，是谓自然也。夫自然者，天之理也。理出于天然，故曰自然也。在勿忘勿助之间，胸中流出，而沛乎丝毫人力亦不存。”湛若水认为人的道德规范就是生于自然。忠信、仁义、淳和之心出自自然，所以加强道德修养，人之心必然与自然相通，对这浑然一体的体认就在勿忘勿助之间沛然流出。“道以自然为至，知其自然，动不以我，斯无事矣。故学在知止，不在求静。”“故予体认天理，必以勿忘勿助、自然为至。”道以自然为至，这也正是湛若水心与天地万物浑然一体的观点。自然之动并不以我的意志为转移，唯在对自然的体认，也就把握了勿忘勿助之方。湛若水所期待的自然之得是：“自然之文言，生于自然之心胸；自然之心胸，生于自然之学术；自然之学术，在于勿忘勿助之间。如日月之照，如云之行，如水之流，如天芭之发，红者自红，白者自白，形者自形，色者自色。孰安排是？孰作为是？是谓自然。”德行道艺之成就，一切的一切，自自然然，这就是勿忘勿助的境界。当时有学生求教“自然”，湛若水赋诗作答：

客来问自然，本体已见前。本体何面目？见之亦至难。
至难有至易，忘助两无间。两在故不测，而乃疑于天。

由此观之，书院办学，要引导学生把握勿忘勿助之方，必须要督促学生守规矩，求修养，宗自然。湛若水推崇勿忘勿助的学习原则，就是要求人们认识和尊重自然规律，既不放弃努力，又不刻意助长，一切遵行自然规律。这对于涵养与问学的合一、德业与举业的合一都是十分必要的。

3. 主一

主一，我们在前面已经论及，湛若水强调立志必须主一。书院办学也是如此，要做到涵养与问学的合一、德业与举业的合一，书院的办学目标必须主一。有学生问道："天理何以见？"湛若水回答："其主一乎。天理者，吾心本体之中正也。一则存，二则亡，觉不觉而已。"心中之天理，只有觉醒或不觉醒的问题，没有一或二的问题。所以，书院办学必须以天理为唯一的价值追求，才能帮助学生解决德业与举业合一的困惑。

主一之旨意，首先是在强调教育主体在我。陈献章有诗："反求诸身，把柄在手。"湛若水解释："把柄，亦以比心之主宰处。"他说："其主宰在我。诚能反身求之，则可以极高明之量。"主宰在我，即强调人的主观能动性，强调人的主动精神。心之主宰在我，实际表达了生命存在的本初原始，即生命具备了自我发展的本原能力，由此才使包括知识、情感、理性、愿望等在内的全部生命活动成为可能。湛若水在这里强调，"诚能反身求之，则可以极高明之量"。也就是说，只要发扬主体精神，人就具备了在现实生活中呈现其生命力的广袤空间。

主一之旨意，其次是在学习目标的唯一。湛若水在给陈惟浚的信中说："心存则有主，有主则物不入，不入则血气矜忿窒碍之病，皆不为之害矣。大抵至紧要处，在执事敬一句，若能于此得力，如树根着土，则风雨雷霆，莫非发生。此心有主，则书册、山水、酬应，皆吾致力涵养之地，而血气矜忿窒碍，久将自消融矣。""心有主"就是一，不是二。能主一则物欲不入，物欲不入则没有血气矜忿窒碍之病。正如湛若水在另一处指出的："主一者，心中无有一物也，故云'一'，若有一物则二矣。"要做到"主一"，必须要"执事敬"。凡事只要主敬，就犹如树根深入土地，任凭风雨雷霆，也撼动不得。只要心有主，则读书，优游山水，日用应酬，都成了涵养之地，那其他一切阻碍心之中正的因素都会自动消融。

道理好懂，然一遇实际问题就又有疑惑了。有学生提出这样一个问题："忠信也，礼也，敬也，孰先？"忠信、礼、敬，这三项学习内容以何为先？湛若水很干脆地回答道："曷或先焉？曷或后焉？其一本乎！忠信，其心也；礼，其事也。莫非敬也。故敬而后有忠信，有忠信而后有礼容。"这三者哪有什么先后之别，都是本之于一。忠信存之于心，礼仪用之于事，都须靠一个"敬"字。故有敬而后有忠信，有忠信而后有礼容。所以，湛若水的结论："心者敬之主宰，万善所由发端者也。能反心以养其善端，勿为戕贼，方为道德之膏腴。"由于心有主，敬则油然而生。所以敬是心的主宰，万善由此发端，又反过来滋养善端，不被物欲所残害，成为道德生长的土壤。当学生求教居敬穷理的关系时，湛若水回答说："敬之敬之，将与理一矣，夫何二？"敬与天理其实就是一件事，为何要把它看作两段事？

主一之旨意，再次是在学习态度的专心致志。湛若水以射箭为例，说："夫射也，其见古之道乎。于于翼翼终日而不乱，其不二夫心者乎。"射箭如果三心二意，必不能一箭中的。学习也是如此，只有专心致志，才能对知识融会贯通，三心二意者只能记诵些杂乱知识。有学生问：怎样学才称得上善学？湛若水回答说："善学者如贯珠矣，不善学者如观珠矣。"学生又问：观珠与贯珠之差别何在？湛若水回答："观珠者，观他珠也，多学而记之之类也。"观珠者，观他人之珠，学习三心二意，所得只是杂学而记诵之类。而贯珠者，"自我得之也，一以贯之之类也。识前言往行以畜德也。""子之博学如聚万珠矣，其惟贯之已乎。"贯珠者，以自得为目的，学习专心致志，所得必是一以贯之，融会贯通。湛若水强调，学习知识如聚万珠，关键看你能不能用一条主线将其贯通，这就需要专心致志之力。在谈到朋友交往的问题时，有学生问：怎样才称得上是朋友？湛若水说："其相观而善与！其心志一则学一，一则益矣。责善斯次焉尔。"其意是说，能称为朋友者须有两个条件，一是能相观而善，一是能心志主一。这样的人聚在一起则学习目标一致，目标一致才能对成长有益。这才是真正的朋友。相互督促那还是第二位的因素。

学习的主一，湛若水谓之为固本。他说："夫学，必有根，斯能日新。日新不息，斯谓盛德。"学习如树木之生长，必须有根，这个根就是明确的目标。目标主一则能固本："华实之盛，有本者如是也。人而不固其根本，则何以达于事业，裕于后昆乎？"树木之繁茂在于根固，人之学习、人之发展如果不固其根本，后面的发展就无处谈起，也不能对后世有所帮助。正是这一固本之基，才使人成为完全意义上的人，使人的生命境域获得了多重维度的绵延。

由此看来，所谓二业合一，实际上体现了湛若水的道德修养观。古代教育家很早就看到了道德的养成，是由道德认识、道德情感、道德意志、道德实践等环节组成的修炼过程。湛若水在这方面继承了历代教育家的教育传统，并从心学角度发展了德育理论。他所强调的涵养与问学合一的主张，实际是阐发了道德认识的途径和原则，很好地处理了德育与智育的关系。他所强调的勿忘勿助和主一的主张，实际上凸显了道德情感、道德意志、道德实践的重要性。他的这些德育主张自成体系，在一定程度上体现了德育的一般规律。湛若水定"二业合一"为书院办学目标，实际上就是要促成道德修养在书院的教学和管理中处于主流、核心的地位。《明儒学案·甘泉学案一·语录》中有段话，较集中地体现了湛若水关于德育途径的主张。虽然比较长，但读起来并不难懂，可以帮助我们很好品味湛若水的求心之中正的观点：

> 天理二字，人人固有，非由外铄，不为尧存，不为桀亡。故人皆可以为尧、舜，途之人皆可以为禹者，同有此耳。故途之人之心，即禹之心，禹之心，即尧舜之心，总是一心，便无二心。盖天地一而已矣。《记》云："人者，天地之心也。"天地古今宇宙内，只同此一个心，岂有二乎？初学之与圣人同此心，同此一个天理，虽欲强无之又不得。有时见孺子入井，见饿殍，过宗庙，到墟墓，见君子，与夫夜气之息，

平旦之气，不知不觉，萌动出来，遏他又遏不得。有时志不立，习心蔽障，又忽不见了。此时节，盖心不存故也，心若存时，自尔见前。唐人诗亦有理到处，终日觅不得，有时还自来，须要得其门。所谓门者，勿忘勿助之间，便是中门也。得此中门，不患不见宗庙之美，百官之富。责志去习心是矣，先须要求此中门。

第六章
书院坚守，讲学终生

正当湛若水将自己的书院理想付诸实施之时，一场高压却意欲扼杀这股讲学潮流。书院因讲学而兴，明代书院的发展由衰转盛也是王守仁、湛若水的竞相讲学所导致。由于他们所推崇的心学理论与正统的程朱理学相悖，由此遭到统治集团的封杀。其手段便是禁毁书院。书院在遭遇朝廷的禁毁之后，湛若水心有不甘。湛若水坚信他的书院讲学是为了拯救衰败的世道，他所宣传的心学理论是为了弘扬儒学的传统。所以面对政治权力的高压，湛若水说出了“为斯文斯世动心”的话，也由此对书院讲学一直持坚守的态势，直到去世。

一、明代四次毁书院

明代曾发生过四次禁毁书院的事件。前两次是直接针对湛若水的书院讲学而来；第三次势头更猛，广东西樵山的书院也沦为烟蔓之场；第四次以东林书院首当其冲，进而殃及其他书院。了解这四次禁毁书院的背景，可以更深入地理解湛若水坚守书院讲学的艰难。

早在嘉靖八年（1529），嘉靖皇帝就直接指责王守仁，认为他自以为是，诋毁先儒，聚徒讲学，坏人心术。近年来士子传习邪说，都是因他而起。皇帝的调子既定，朝中当权派便开始寻找机会以遏制书院讲学的影响。嘉靖十六年（1537），御史游居敬直接点名弹劾南京吏部尚书湛若水，斥责湛若水“倡其邪学，广收无赖，私创书院”。《明通鉴》卷五十七也载有此事：“时御史游居敬论劾王守仁、湛若水伪学私创，故有是命。”游居敬还提议朝廷禁毁王阳明、湛若水的著作，拆毁他们私自创建的书院，禁止各地儒学生员外出追随他们远游，影响学业。明世宗将这一提议交吏部讨论。吏部的反馈意见是，湛若水潜心研究经学，希望追迹古人，他的学说并非全是谬谈，相反，其中对儒家经传还多有发明，因而不宜禁绝。至于各地未经朝廷批准设立的书院应予以禁毁。世宗觉得吏部的这个意见比较恰当，于是同意慰留湛若水，只是要求拆毁其在南京地区私自创建的书院，并进一步规定，今后再有私自创建书院者，各地巡抚御史要及时参奏处理。《万历野获编》卷二《讲学见绌》中说：“御吏游居敬又论南太宰湛若水，学术偏陂，志行邪伪，乞斥之，并毁所创书院。上虽留若水，而书院则立命拆去矣。”这是明代的第一次禁毁书院。

第二次是嘉靖十七年（1538）。吏部尚书许赞再次上疏，指斥“抚按司府多建书院，聚生徒，供亿科扰”，批评各级地方官员多将朝廷官学丢弃不管，反而大费周章创立书院，耗费钱财，鼓动讲学，因而要求将禁毁书院的行动扩大到全国范围，要求所有教官、生员一律到官学教学或学习。明世宗批准了这一建议。《皇明大政纪》中对此事记述稍详：“嘉靖十七年五月，毁天下书院。吏部尚书许赞上言，近来抚按两司及知府等官，多将朝廷学校，废坏不修，别起书院，动费万金，征取各属师儒，赴院会讲，初发则一邑制装，及舍供亿科扰尤甚。日者南畿各处，已经御史游居敬奉行拆毁，人心称快，而诸未及，宜尽查算，如仍有建者，许抚按据奏参劾。帝以其悉心民隐，即命内外严加禁约，毁其书院。”

从以上可以看出，两次禁毁书院实际上是一次连续的行动。第一次只限于湛若水在南京地区的书院，第二次则进一步扩大了范围，对“诸未及”者，“宜尽查算”。为什么要连续查禁书院？从表面看，是学术上的原因。查禁者斥王守仁、湛若水之学为“邪学”“伪学”“学术偏陂”。因为王、湛之学与当时官方所承认的程朱之学不合拍，尤其是王守仁之学说更同朱学相左，这当然使一群维护程朱正统学说的权贵心里不舒服。但这不舒服的后面，恐怕并不仅仅是由于学术的分歧。专制时代，本不容学术言论的自由，更何况王湛之学又是与朝廷主流思想不甚合拍，其讲学所造成的声势又“倾动朝野”。这当然使某些权贵对这派“妖孽”“伪学”之徒不能熟视无睹。所以两次禁毁书院实质上还是政治上的原因，只不过借了“伪学私创”和“动费万金”的口实罢了。正因为此，这两次连续禁毁书院，并不能使多为达官显贵的“王门弟子”所折服。相反，他们在禁毁书院之后更起劲地创办书院。尤其是王门弟子徐阶升任内阁首辅后，更是竭力倡办书院。《万历野获编》中说：“嘉靖末年，徐华亭以首揆为主盟，一时趋鹜者，人人自托吾道。凡抚台莅镇，必立书院，以鸠集生徒，冀当路见知。”内阁首辅热衷书院，自然带来了下属的趋之若鹜。

第三次禁毁书院是在万历七年（1579），操刀者是张居正。这时世宗已死去，朝野政治斗争又趋于激烈。万历元年（1573），张居正在权臣争斗中胜出，取得内阁首辅的职位，并开始在政治、财政等方面进行改革。在教育方面，张居正从重实学的角度，主张发展官学教育，对书院聚徒讲学、崇尚空谈的风气十分反感。他认定书院必是“群聚徒党”“空谈废业”之地，由此建议“不许别创书院”。但在当时，他并未找到机会将禁毁书院付诸行动。万历五年（1577）张父病故。张居正恋于权私，不愿回籍服丧，引起举朝官员的一致非议，惹出了一场轰动朝野的“夺情”风波。张居正动用权势，罢黜了一批反对“夺情”的官员。张居正看到反对夺情而被黜的官员多为江浙一带的人，而这一带书院讲会风气很盛，于是便有了万历七年禁毁书院的事件。这次禁毁书院主要为应天府书院等64处，其规模比前两次更大，其手段更为严厉。张居正的禁毁书院，达到了既打击一大批异己的在野势力，又压制思想舆论的双重目的。

第四次禁毁书院是在天启五年（1625），起因于明末宦官集团与士大夫集团的斗争，操刀者为太监魏忠贤。这次是东林书院首当其冲，进而殃及其他书院。权倾一时的魏忠贤为打击东林党人，剪除异己，不仅禁毁东林书院，而且将所有书院都疑为东林同党而一律严令禁毁。被列入东林党人榜首凡三百零九人，生者削籍，死者追本，已经剥夺者禁锢。这就是历史上有名的东林党案。

由此观之，明代的四次禁毁书院，虽然各次情况有所不同，但实质上都是君主专制制度与自由讲学之间的矛盾斗争尖锐化的反映。它表现为统治者力图控制书院，旨在加强专制统治。诚如王船山在《书院》中所说："率以此附致儒者于罪害之中，毁其聚讲之所，陷其受学之人，钳网修士，如防盗贼。"而书院讲学的后面，也多少代表着一定的政治倾向乃至政治力量。故而有禁毁，也就有反禁毁，由此矛盾斗争而构成了明代书院的沉浮。

广东书院于这一禁毁风波之中也历尽动荡。前两次的禁毁行动直指王守仁、湛若水，但最后经吏部所议，嘉靖皇帝采取了"慰留湛若水"的态度，广东书院在这次禁毁行动中损失较小。相反，在地方官员的支持下，广东书院于此时还有所发展。第四次禁毁行动则由于广东书院与"东林党议"少有瓜葛，因而魏忠贤与东林党人政争的决斗，广东书院未受到波及。

但万历年间的禁毁行动却给广东书院以致命打击。这时湛若水已经去世，故西樵山的书院这次没有逃脱被禁毁的命运。郭棐在《岭海名胜记》中载："万历中，宰忌讲学，毁及院舍，有司奉行，急若风火，西樵独流祸烈，一时儒绅飒然丧焉。若大科，若铁泉、玉泉、天阶诸舍，皆被毁拆。独云谷以白沙祠存，四峰以西庄祠存，石泉恭贮赐书，有司不敢毁。而名贤寤寐之地，遂为烟蔓之场。"可见，西樵山的书院在这次禁毁行动中首当其冲。云谷书院因有祭祀朝廷钦命大儒的白沙祠，四峰书院因有西庄祠，石泉书院因有皇帝的赐书，除这三所得以幸免，其余如大科书院、铁泉书院、玉泉书院、天阶精舍等，皆被拆毁。当年名贤大儒讲学之地，一时遂为烟蔓之场。

二、负重前行意坚守

在禁毁书院的风波中，湛若水的内心充满了痛苦。当然，禁毁书院得到了皇帝的批准，湛若水只能无奈地接受。嘉靖十六年（1537），御史游居敬以"倡其邪学，广收无赖，私创书院"的罪名直接点名弹劾湛若水。虽然明世宗最后同意慰留湛若水，但湛若水所承受的压力是显而易见的。这一年五月，湛若水自北京返南京途中上《途中谢恩疏》，表达了"臣自今以往，惟公事之余，厉若乾乾以夕惕；于谢徒之外，惴焉业业以夙兴。自反自修，不收少渝于先后；不尤不怨，尚期无愧于天人”的态度。湛若水此处所言，即表示今后于公事之余，要谢绝生徒，加强自我反思，自我修炼，绝无怨天尤人自暴自弃之态度。到达南京后，湛若水甚至在衙门门口贴上了“绝口不言底事，闭门深谢诸生”的字条。

但湛若水对这一政治高压是不服的。他在嘉靖十六年八月的《答李时龙》中，明确表示：“至于书院之改毁，吾亦若有动心者，其诸异乎人之动心也，为斯文斯世动心也。”动心者，乃痛心也。所谓“为斯文斯世动心”，乃在于湛若水认为，白沙心学、甘泉心学、阳明心学的崛起，本是针对明代朝廷政治腐败、道德沦丧的弊端而兴，书院讲学本是顺应明代社会呼唤道德生命价值、倡行日常伦理践履的需求而起。现在中途夭折于反讲学政治势力之手，实为痛心。所以湛若水在这一年九月二十一日的《答徐巡按远卿简》中直接表达了“自攻道学以来，斯文丧气”的悲哀。他在此信中明确表示：“学道者何负于世，于是斯文久增颜色矣。”那些拜师于他们门下的学者潜心攻读心学，并没有给社会带来任何消极的影响，反而为传播儒学增色不少，即强调他们所主张的学说对拯救文风世道是卓有贡献的。

为了躲避这场灾难，当时有很多朋友劝湛若水辞职归隐。湛若水在八月的《答李时龙》中确实表达了“入冬及春，当请归”的意愿，即准备在年底年初之际请辞归隐。但在九月的《答徐巡按远卿简》中，他又改变了主意，他说：“区区归心日切，但老臣恋主之心，去留之迹，自当迟迟，自当泯然。”湛若水在这里表达了虽归心日切，但因“老臣恋主之心”，决定推迟返乡之期。

为什么回归之途自当迟缓？湛若水说：“圣明之下，未敢为悻悻自好者也，聪明必当亮此。”“悻悻自好”，指因怨恨而图自保其身。湛若水为什么“未敢为悻悻自好”？同年十月二十四日，湛若水在给徐子直的信中说：“盖此道体干涉甚大，非一班半点可尽，非大其心胸，何以见之？”就是说，去留一事于“道体”关系极大，不是一句话两句话说得清，非得放大心胸，方可明白。为了能让朋友们理解其心胸，湛若水将31年前写的一篇文章抄录在信后。这就是正德元年（1506）湛若水为送兵部尚书刘大夏归去时所写的《送少保刘先生归东山诗序》。当年刘大夏在官升大司马后，受朝廷倚重，本可荣归故里。但恰遇边患方殷，而朝廷中一帮小人当道，使正直官僚的言路受阻，刘大夏决意留任。他每日正色立朝，超然自信，把握时局。及至边寇既平，明主亲政，刘大夏乃从容拂衣而起，屡屡上疏决意辞官。“若驾孤鹤、御长风，飘然而莫之能留”，湛若水对刘大夏之精神甚为钦佩。他在序言中首引孟子之言：“孔子进以礼，退以义。”他认为刘大夏于进退之间做到了以礼义为度。湛若水接着强调，在朝廷中，有新进之士，有久任大臣，新进之士和久任大臣在进退之时的选择是不同的。新进之士可以做到“一言不从，一朝而去”，因为他们“以其身为安危者也”。但是久任大臣则不然，“招不可来，麾不可去，惟社稷之安危而身焉以之”。“惟社稷之安危而身焉以之”，这就是湛若水对刘大夏精神的定位。其言下之意，湛若水之所以“未敢为悻悻自好”，也如刘大夏一般，是为了社稷，也就是他所说的是为了“斯文斯世”，所以不能因个人安危而退缩。这可以说是湛若水对“老臣恋主”的一种诠释。

为什么会有“老臣恋主”的情结？湛若水在同年十一月十日的一封信中作了说明。他说：“吾归装久束矣，以感明主之仁，屡下问焉，一月凡三旨，意见留焉。”就是说，在游居敬等人弹劾他时，嘉靖皇帝多次下旨挽留，使湛若水倍感皇恩。他还回忆当年朝廷在讨论大礼仪、郊议时，自已的意见都违背了皇帝的意思，然皇帝都没有对他问罪，反而还任命他先后担任了南京礼部尚书、南京吏部尚书，可见嘉靖皇帝并未有弃用自己之意。湛若水再援引孔子、孟子的进退事例，以及当年强调的刘大夏精神，表达了“圣人惓惓于天下之仁”的志向。惓惓者，诚恳之心也。以天下为已任，这就是湛若水的心志。

但这并不表示湛若水就此认错了。他的“为斯文斯世动心”，就是表达自己的理论没有错。他在第三次请求辞官的《三乞归田疏》中为自己申辩：“臣不肯随俗学，将仁义礼智等名言，止以供作文字，则曰：‘从古圣贤名言，皆教人随处体认天理功夫也。’则欲监生讲明而见于体行，不过日用常道而已矣。臣悲为俗学者教人以举业，非祖宗以道德成贤之意，而谈圣学者又专教人德业，而弃祖宗以举业兴贤之法。臣则兼教之，以德业举业合一进修，其书名曰《二业合一训》，即古先王德行道艺之遗意焉，使所养即所用。”

湛若水在这里强调，自己宣传的理论并不如人们所说，是“学术偏陂”，是“志行邪伪”，而是不肯随俗学。俗学将圣贤名言只停留于口头，而他的“随处体认天理”是引导人们学习圣贤之学并落实到日常生活中。特别是他看到为俗学者教人为举业，却抛弃了祖宗以举业兴道德育人才之初衷，由此提出的“二业合一”，就是遵循圣贤的德行道艺思想，将“所养”与“所用”有机贯通。由此看来，湛若水内心之痛惜，根本还在于这样一套理论不为朝廷、社会所认同。

正是这种痛惜，在这则上疏中，湛若水为自己辩解。由于已升任南京吏部右侍郎，不再主管南京国子监，但当年的学生依然登门求教，自己“性不能拒人”，由此落下了“自立门户”“好为人师”的罪名。“古言三人成虎，三报投杼，臣窃惧焉”，人言可畏，这就是湛若水从中感受到的世态炎凉。

直到嘉靖十九年（1540），湛若水75岁，疏请致仕，终于被朝廷批准。致仕归乡途中，他沿东南山水而下，先到南京周围地区跟诸生惜别。在甘泉精舍，湛若水提笔留言：“山下涓涓石下泉，惟应与尔洗心言。先生已在忘言处，一任滔滔赴大川。”历经禁毁书院的风波，湛若水为书院之命运，为心学理论之命运，心中存有太多的感慨。然真要说什么，这一切的体认，都付之滔滔东去的江水了。

但湛若水还是有话要说。在福建武夷山的一曲书院，湛若水对书院主旨取王、湛两家大同之意，十分赞赏。他说：“（若）水甚喜得两家大同之意，为百代公案也。（若）水与阳明公戮力振起绝学，何尝不同？故尝云，良知必用天理，天理莫非良知，亦公案也。后来独说常知常觉，空空兴起，遂甚失阳明公本指。”岁月已逝，当年湛若水与王守仁的理论争辩也已渐渐平息，倒是两人理论争辩的共同目标越来越清晰地在影响社会。湛若水在这里强调，两人勠力复兴儒学传统，这是共同的；两人所倡导的天理、良知，都是指向儒家传统教育的内核，这些都是共同的。倒是后来王门中的一些弟子错失了王守仁的本意。

这年八月路过江西泰和，湛若水作《静斋书院记》，公然为书院正名：“甘泉子曰：书院非古也，其衰世之志乎！其中古而下之事乎！院也者，苑也，聚也。贤者有以见天下道心之涣散也，是故为院以苑之聚之，以一天下之心。”书院为衰世之志，就是说，书院讲学之复兴，完全是为救世而起。有志者见天下道心之涣散，于是建书院聚徒以讲学，力求凝聚起天下之心。湛若水在这里对书院讲学的定位相当深刻，书院与讲学的关系也于此予以了充分的肯定和强调。

三、晚年书院讲学情

回到广州后，湛若水继续开办书院，坚持讲学。自1540年至1560年，在生命的最后20年里，湛若水不顾年迈体弱，在罗浮山建青霞书院、天华精舍、四贤祠等。后来又在西樵山进一步完善了大科书院、云谷书院的整修，建天阶精舍，以广纳从学门人。他春居罗浮山的朱明书院，夏居西樵山的大科书院，秋居广州的天关书院，冬居增城的甘泉书院。这期间，还数度远赴韶州、衡山，沿途讲学。直到逝世前半个月，湛若水还在广州禺山精舍讲学。湛若水在广州除讲学外，还在家乡增城行乡约，并立乡约亭于华光里。

1. 书院师生情

湛若水晚年书院讲学，留下了不少与学生交往和互动的师生情。

嘉靖十九年（1540），湛若水回到广州，正值当年弟子洪垣巡按广东。洪垣在广州府第附近建天关书院，邀请湛若水讲学。当时湛若水已上罗浮山，洪垣躬步入山以请。这一年十一月十三日，湛若水与洪垣来到天关书院为诸生讲课。当时“天风洒洒，云影流行”，湛若水讲学于书院的松林间。以后湛若水五日十日便会讲于天关，教诲诸生立于勿忘勿助之间。诸生亦各有所得，油然而动。

其“油然而动”的效应，便是当时拜师求学于天关书院者络绎不绝，特别是几位高龄学子的登门拜师格外引人注目。嘉靖二十六年（1547），77岁的吴滕川到天关书院求师。82岁的湛若水惊喜不已，当即赠诗两首，称赞说，吴先生已经77岁，还来到天关书院，拜我为师，真是好学不倦。之后，湛若水又送吴滕川一支南岳产的竹手杖，并在手杖上刻写铭文，勉励这位高龄学子。85岁时，湛若水再次给吴滕川赠诗。与此同时，天关书院迎来了另外两位高龄学子，即82岁的黎养真和81岁的黄慎斋。湛若水将他们称为“天关三皓”：“养真慎斋与藤川，三皓同时及我门。八十头颅事事真，老来赤子心还存。”

与此同时，湛若水在西樵山又重修了云谷书院。云谷书院内设白沙祠，名曰尊师堂。嘉靖二十五年（1546）夏，81岁的湛若水偕家人入住云谷书院的烟霞楼，“于烟霞楼城上作左右两轩，常闭关处其上，三五日一开关，有客亦必待此日乃见也，否则不见矣”。平日关闭书院大门，湛若水与家人在此静观西樵山的烟雨云霞，尽享闭关静思之体认乐趣。云谷书院三五日才开门一次，接待来访客人。

在西樵山，湛若水与洪垣在这儿又重温了一段师生情。洪垣，字峻之，婺源人。上文说了，湛若水致仕回到故乡，正值洪垣巡按广东，洪垣为其建天关书院。洪垣于嘉靖十一年（1532）中进士，这时湛若水任礼部左侍郎，并讲学京师，洪垣便受业其门。自后洪垣任官各地，但向湛若水的求教从未间断。嘉靖十七年（1538）二月十九日，湛若水将与洪垣相互问学的材料整理成《洪子问疑录》。嘉靖十九年（1540）九月，湛若水到达韶州精舍，讲学明经馆。十月，入罗浮山，居住在朱明馆。洪垣也来到这里，开始编辑、刊刻《泉翁大全集》85卷，并为书作序。这是湛若水最早成集的著作。在罗浮山，湛若水与洪垣还共建青霞书院（又名甘泉精舍）。后来洪垣又在广州开天关书院，亲自上罗浮山邀请湛若水到这里讲学。湛若水对洪垣凡任官所至皆以教育为重的作为十分赞赏，嘉靖二十年（1541）四月，洪垣出知温州，湛若水决定将学派衣钵传给洪垣：“石翁（陈献章的号）谓达磨传衣为信，江门钓台亦衣钵也。既以付公矣，敢援此例，愿乞武夷风月以为衣钵之信。”依依惜别，期盼满满，湛若水为此写了好几首诗来寄托其思念之情。在天关书院讲堂落成之际，湛若水写道：“讲堂一悟天开，上起亭云高台。台下三千弟子，梦想觉山归来。”觉山即洪垣。

嘉靖二十五年（1546），洪垣因饥民杀死囤积居奇的粮店老板而落职回到老家，他写信告知湛若水准备秋天来罗浮，居朱明，而卒业焉。湛若水对此欣喜若狂，早早地在西樵山云谷书院中构筑了二妙阁以待洪垣。嘉靖二十六年（1547）秋，已经卸官的洪垣与同乡方瓘自婺源来到广东，再次向湛若水求教。在西樵山的三个月，师徒三人“于西樵之墟，访烟霞之洞，入朱明之天，憩青霞之馆，蹬黄龙，步明月，与叙履历之途，叩进修之次”。清风明月之下，烟霞、朱明之所，师徒三人交谈甚欢。“而凡息存之觉，道义之门，天地宇宙变化之通，口可言者不靳于言，至于不可口授而可心授者，默然以神相通而已。”对生活的感悟，对心学之真谛，对天地宇宙一体之仁，三人尽情倾诉交流。至于只可意会不可言说之妙悟，三人则默默然以神相通。洪垣学业结束，提出要回婺源处理家事，湛若水虽极力挽留，未获成功。临行时，湛若水写下《赠洪觉山方时素归福山五首》，其中第五首：

行行重行行，行行入星源。到岸不用船，拍手飞青天。
归来闭关坐，默成在无言。无言天至教，四时以行焉。

2. 二游南岳衡山

晚年的湛若水，还有两次往游南岳衡山之举。第一次，嘉靖二十三年（1544）八月初九至十一月二十三日，79岁的湛若水与弟子往游南岳衡山。他们从西樵登舟出发，历飞来，览灵泉，过南华，登韶石，及乐昌，度郴岭，历衡阳，一路沿北江溯流而上，经北江上游浈水、武江，登陆衡阳。一路上，湛若水兴致极高。无论水路、陆路，每天都是鸡鸣之时上路。他们见景、触物、遇事，几乎是天天有诗。特别是对大自然中蕴含的至理，湛若水总是不失时机地与弟子交流。例如，在山中见一树跨一大石上，他叹道：“可以见气无不贯矣，否则石何以能生此树。”见一小树卡在大树中与之共生，他叹道：“可以见一气相通之理矣，否则异根何以同干？”在山中见一石鼓为一小木之根所破，他惊叹道：“以柔克刚，气之力也。志学者如此木之力焉，何圣之不可至也？”并回头对弟子们说，“宜学此木矣。”见一藤缠树数匝，凡缠处树干皆较瘦，湛若水马上对弟子说：“弟子识之。信哉！藤缠，葫芦相缠之喻矣。况人心至灵，有所缠累，宁复有广大光明之本体乎？”藤缠树，树之本体虽然受到影响，但并未毁灭。人心也是如此，虽会有所遮蔽，但完全可以复其广大光明之本体。在祝融峰上封寺，见玄明洞前无障蔽，很是敞亮，湛若水又及时开导弟子："无障蔽何如？""夫物固以障蔽失之者多矣。日月之明常在，蔽障之者，云雾也。人心之明常在，蔽障之者，物欲也。故学求去其蔽障之者耳。"遮蔽日月者，云雾也；遮蔽人心者，物欲也。所以学习的目的就是要清除物欲。

徜徉于大自然中，湛若水很为自由。他说："心有所往，情随景迁，俗乐也。以言乎心之不可逐物也。"他对弟子说："'千峰踏遍还知我'，以言乎以我观山也。能知以我观山而不逐景者，斯可与游矣。"湛若水的体认之情已经与山水自然浑然一体，已经不为具体的景物所牵累了。

这一次南岳衡山之游，湛若水了却了一大心愿，即在衡山建起了甘泉书院，内设白沙祠。甘泉书院很有规模，"材仍旧贯，田置其冲，乃开大门，乃设仪门，乃图心性之堂以为讲地，乃立息存之堂以为寝室，乃肇先师之祠以系景仰"。书院大门、仪门依次而立，讲堂内画上了湛若水的"心性图"，宣示着书院的办学主旨。另建有息存堂以为学生寝室，有先师祠以景仰师承之源。另外，"又筑祝圣之台于紫云之巅，以尊朝廷"。白沙祠台基落成之时，湛若水高兴地说："先师数十年南岳之志，今始遂矣。"

甘泉书院修建十三年后，破败之象已很严重了，湛若水只好求救于当地官员。湛若水将此情告知当地督抚，督抚催促当地官员，一级一级往下函告，终于下达到石屏的胡兵宪。胡兵宪表态：这是我境内公共之地，就是我的事了，一定照办，请放心。胡兵宪立即命令属下实地勘察书院破损之况，制订修复方案。

嘉靖三十五年（1556），91岁的湛若水不顾家人、朋友、弟子的反对，再次起程赴南岳讲学。毕竟年岁不饶人，第一次往游南岳，湛若水每天是鸡鸣之时上路，这一次则多为卯时登程。但湛若水的讲学之志却并不见减退。他对从游的门人说："古诗'天送东坡过海州，平生奇绝是兹游'，东坡不过豪饮作诗耳，安得为奇？今吾以九十一之年，与诸生随处讲学，以造于圣贤之域，乃奇绝之游也。诸子毋忽诸！"湛若水的意思，苏东坡之野游不过是豪饮作诗，那只是消遣而已，而我则是为你们传授圣贤之学，引领你们游历圣贤之域，所以你们绝对不能忽视。他还进一步强调："晚年进步，在此一游。"湛若水要求弟子们注意这次的南岳讲学，其实是湛若水欲将其理论探索作一总结，作一升华。

在这次讲学中，湛若水再次强调了“致”。他说：“良知之说本于孟子，何尝不同？孟子良知良能这点真切良心即是天理，即是真种子。下文‘达之天下为仁义’，奈何后来人都不说致之之功？无有达之天下功夫，光说良知，孟子元无此理。且如良知良能，虽盗贼亦有，但爱其亲而杀人之亲，敬其兄而杀人之兄，岂得为仁义？太害事。还推阳明初说致良知乃与孟子合。”湛若水在这里强调，孟子提出良知之说，但大家忽略了其后面的“达之天下为仁义”的“致之之功”。光讲良知是不行的。因为良知人人皆有，盗贼也有。盗贼爱其亲而杀人之亲，敬其兄而杀人之兄，岂得为仁义？在这里，他回忆起王守仁，肯定王守仁的“致良知”主张很有道理。他认为，孟子的良知与他的天理是一致的，是“真种子”。关键是要“致”，这才是“达之天下功夫”。湛若水这里强调的“致”，其实就是体认功夫，就是教育功夫。没有主动的致，主动的体认，良知良能是不可能扩充生长的。也就是说，在教育问题上，湛若水与王守仁观点是一致的，都强调教育的作用。

在这次讲学中，湛若水还强调了勿忘勿助功夫。他说：“吾体认天理之说，随动随静，只勿忘勿助之间、元无丝毫人力时便见，非独主于寂然也。应事接物，天理生于感应之中。”湛若水在这里告诫学生，体认天理不能期待于独静寂然之时，而要注意在应事接物中勿忘勿助，因为天理生于感应之中。在随动随静的体认时，关键要学贵中正：“所以学贵中正。一于有为，非道也；一于无为，非道也。必无为而无不为，无在而无不在乃是。”片面地强调“有为”或“无为”，都不是体认天理的正确途径。所谓学贵中正，就是要将心之中正贯通于无为无不为、无在无不在的体认境界中。

或许是年轮增长，或许是对自然的体悟更为深透，晚年的湛若水感觉对天理的体悟光用言语终不济事了，而要在“默识”上做功夫。前面谈到，他率家人入住西樵山烟霞楼闭关隐居，三五日才开关一次，这已经有闭关静修的意味。在与洪垣、方瓘论学时，对于那种不可口授而可意会的东西，三人则默然以神相通。在第一次往游南岳衡山时，他醉心于以我观山而不以言的境界。这些都表明晚年的湛若水更注重以“心领神会”来体悟自然，体认天理。在这次游历南岳途中，湛若水常常瞑坐久之。他告诫从游的弟子应如何用功，指着鼻端说："一息一存，息息存存，道义之门，记之莫忘。"就是说，天理之奥妙就在这一息一存的体悟之中。一日，有学生问"存养"，湛若水以诗作答："千里来山间，默翁犹默然。五峰足风月，吾亦欲何言？"又一日，船至青原，青原诸生拜见，湛若水与他们时语时默。离开青原后，一弟子送至万安，途中向湛若水请教：在青原之时，先生以大同默识为训。朋友问我其意，我答道：大同者，浑然与天地万物同体之意；默识者，勿忘勿助之间功夫。湛若水回答："亦如是。"

但这并不是精确的答案。对默识的界定，直到湛若水94岁之时，为弟子何迁撰《默识堂记》，其中说道："默而成之，不言自信；默而自识，识不可言。"这大概是晚年湛若水对体认天理的升华吧。

3. 生命不息，讲学不止

晚年的湛若水，一直没有停止讲学。根据湛若水留下的讲稿统计，他晚年讲学的书院有九龙山的甘泉书院、中华书堂、会华书院，扬州府县学，韶州的明经馆、天泉书堂、斗山书堂，广州及附近的独冈书院、甘泉洞、天华精舍、白沙书院、天关书院等。

嘉靖三十八年（1559），94岁的湛若水在龙门县龙潭书院讲学。

嘉靖三十九年（1560），三月十日，湛若水带领弟子开讲龙潭书院，十一日回广州禺山精舍，讲《论语》"克己复礼章"，申四勿、总箴之义。四月六日，湛若水又一次来到讲堂，令诸生澄心默坐，久之而退。十九日，病倒而卧，诸生侍药，湛若水在病中还向学生叮咛讲习、会约之事，勉励相观而善之语。二十二日湛若水病逝于广州禺山精舍，享年95岁。

湛若水离世后，其弟子庞嵩遵嘱与陈唐山、林艾陵、刘素予、黄莱轩、何古林等人定期于每季度的仲月，即二、五、八、十一这四个月，在天关书院举行天山讲易之会。"甘泉殁，（庞嵩）居天关理厥家事。甘泉立有常饩以待四方学者，公代主之。每岁每月，率诸学子为会，当道诸公及里中缙绅群至会讲，公每出己意，发明宗旨。"湛若水在天关书院留下了一笔经费，用于来此学习之人的生活之资。这笔经费湛若水委托庞嵩掌管，天山讲易之会也由庞嵩主持。每次讲易之会，都由庞嵩根据自己的学习理解提出讨论宗旨。

屈大均在《广东新语》对此有较详细的介绍："自甘泉没，弼唐与陈唐山、林艾陵、刘素予、黄莱轩、岑蒲谷、邝五岭、何古林、霍勉衷为天山讲易之会。四仲月，则大集天关。弼唐谓阳明之所谓知，即朱子之所谓物。朱子之所以格物，即阳明之所以致知，与甘泉体认天理之说不相悖。良知莫非天理，天理莫非良知，原无二旨。当是时，甘泉、阳明二家弟子，各执其师之说，互有异同。自弼唐为之会通，而浙、广二宗，皆于弼唐悦而诚服。于时乡士大夫翕然和之。若何古林则讲学诃林，薛中离则于金山，黄泰泉于白云，钟叔辉于宝潭，杨肖斋、叶允中于归善，叶絅斋于罗浮，王青萝于粤秀。而其在广州者，遇朔望必偕至天关，就正于弼唐。"

弼唐即庞嵩。庞嵩主持天山讲易之会，所宣扬的主旨，正是秉承湛若水晚年的学术思路，致力会同湛若水与王守仁的学术思想。他在天山讲易之会上重点强调王守仁的致知，朱熹的格物，这其实正是湛若水的体认天理，强调良知与天理之所指其实是一致的。这一主旨对沟通湛若水与王守仁弟子之间的争论极为有利，当时"浙、广二宗，皆于弼唐悦而诚服"。与天山讲易之会相呼应，当时广东士大夫纷纷在各地书院开展讲学活动。例如主持诃林书院的何维柏，主持白云书院的黄佐，主持宝潭书院的钟景星，活跃在归善（今惠州）讲学的杨传芳、叶时，在罗浮讲学的叶春及，主持粤秀书院的王渐逵等，一时翕然和之，带来了广东书院讲学的新气象。

第七章
岭南儒学，风动天下

这里，我们最后还要讨论一个问题，湛若水的书院教育成就具有怎样的历史意义？前面主要是从理论方面、教育方面来讨论湛若水书院教育的意义，从广东书院发展进程的角度看，湛若水的书院创办又具有怎样的意义？

一、书院功在化风俗

论及湛若水的书院成就，郭棐在《广东通志》中曾对广东本土学派的兴起作过这样的分析：“粤中先师如唐之赵，如宋之梁与陈，荜路蓝缕，以启山林，尚未登大儒之坛也。白沙陈文恭公者出，超然自得，其学虽出于吴康斋而别为一家，粤中学统，殆莫之或先也。白沙授之甘泉，其门户益盛，受业著录四千余人，当时称为广宗。同时与阳明分讲席，当时称为浙宗。终明之世，学统未有盛于二宗者，而河汾一辈之学，几至遏而不行。”

这是一个很有意义的视角。宋代书院的发展促成了濂、洛、关、闽等地域学派的发展，这是地域学术标志性的产物。而南粤学术在唐宋时期未成气候。郭棐在这里讲的“唐之赵”是指唐代的赵德，即韩愈在潮州兴学时所聘的那位教师。“宋之梁与陈”，梁指番禺人梁百揆，他于嘉定十年（1217）中进士，在朝廷任官，嘉定十七年（1224）引疾乞休，退隐广州禺山，创办禺山书院，自此从事讲学，辟异端，彰圣学，有功名教，被学者称为“端懿先生”。陈指东莞人陈庚，他第进士而无复求仕，隐居家乡东湖家塾，研习道德性命之学，学者多师之，邑人亦尊之曰“月桥先生”。地方官尝延以为儒师，造门问政。这三人虽然学问深厚，但他们在学术界都不够资格登大儒之坛，更谈不上创办学派了。直到明代陈献章的出现，才为南粤学统奠定基础。真正为广东学派打开局面的是湛若水，湛若水书院门户之盛，被社会称为“广宗”，与王阳明学派的“浙宗”，共同引领着整个明代学术界。

郭棐的话说得很明白，就广东本土人士而言，开启岭南儒学学统的是陈献章，但是树起岭南地域儒学旗帜的却是湛若水。清代人屈大均说湛若水“一举足不敢忘师，所至辄为书院以奉之”。确实如此，湛若水所到之处，必建书院以祀白沙。例如，他看到老师一生爱慕罗浮山，却始终未能如愿，于是在罗浮山的黄龙洞建祠，以周敦颐、罗从彦、李侗三位宋代理学家与陈献章并祀。又在衡山建白沙祠，专祀陈献章。在广州的白沙书院，湛若水专门设置先师祠，让学生一进入书院便能处处感受到陈献章的思想影响。湛若水在书院祭祀陈献章，标揭白沙心学的宗旨与旗帜，掀起了广东书院心学运动的高潮，以致带来了明代以“广宗”和“浙宗”平分秋色的学术格局。

创立学派是否是湛若水创办书院的初衷，我们暂且不予讨论。但他要借助书院讲学的念头确是相当强烈的，而讲学要树立陈献章的旗帜也是十分明确的。其意义何在？嘉靖十年（1531）出按广东的御史吴允祥在广州粤秀山创办白沙书院，吴允祥说：“凡教化之事，有征信易从者，莫如乡先生。若乡先生白沙陈公者，为我明正学之宗。天下后世犹将诵其诗、读其书而尚论之者，而况其流风余韵尚存乡里后生耳闻目睹亲炙者哉！”

吴允祥言，在社会上推行教化，对受教育者最有说服力，而且容易让人效法的榜样就是“乡先生”。也就是说，本土本地的榜样是社会教化最有影响力的老师。吴允祥认为，陈献章就是这样一位乡先生。他的学说代表了国家正学之宗，足以令天下学者认真学习。而其对家乡教化的流风余韵至今还具有影响力，令当地人士倍感亲切。

明代以前广东书院由岭北文化主导，到明代广东书院呼唤“乡先生”，这反映了明代广东乡村教化兴起的社会需要，也表明广东文化个性的形成。湛若水在广东书院教育上树立起陈献章的旗帜，正好适应了明代广东社会呼唤“乡先生”的需要。

呼唤“乡先生”，激发了岭南士人形塑地域文化形象的需要。这一点我们可以从程乡县七贤书院的祭祀文化窥见端倪。潮州府程乡县原有双忠书院，后增祀改为五忠祠，最后在明末改建为七贤书院。刘广聪在《增修七贤书院记》中说：“书院以讲学也，讲学若何？曰忠孝，曰节义，曰德行文章，数者备而吾学无余憾矣。”关于怎样才能使讲学更具实效性，他看到：“今夫学者兀坐索居，寡闻寂见，方寸中空空耳。一旦谈及忠臣义士，激烈肝肠，慨然勃然，至于足蹈手舞，而不知其所以然，盖至性动于所感也。”“方寸中”指心中。刘广聪认为，书院讲学如果不树立学习的榜样，学生在学习中只能兀坐索居，寡闻寂见，心中空空如也。如果能在书院中祭祀先贤，使学者进书院便能看到满墙先哲之像，熏染其道德文章之懿，忠孝节义之风，使士子入其堂俨然若见其人，以感应奋发，以潜移默化，使圣贤之志油然而兴。他说：仪型在目，学生进入书院便可对着先哲的画像一一指认，从而心中便有了具体的学习榜样，也必然会在心里问着自己“彼何人也？予何人也？”，即会对照先哲事迹而反思自己。这七贤中，有五人是来自外省的精英，还有两人则是广东本土的精英。刘广聪特别强调了七贤中的本乡处士程佥书：“且处士佥书，吾邑人也，吾何为让彼哉？是则余修书院以讲学意也。”他认为表彰这样的本土榜样更能对学生有激励作用，也更能体现书院讲学的意义。这就是形塑地域文化形象的需要。

一县之士人要呼唤“乡先生”，一省之士人当然更需要这样的文化名片。陈献章极高的学术声誉和岭南地域儒学的崛起，正好提供了广东地域文教兴起的象征。明代广东经济与文化的发展本身就需要有一面文化旗帜与代表，陈献章的出现，正好成为广东地域文化发展的一张文化名片。所以，湛若水顺应明代广东乡村教化运动发展的需要，适时举起陈献章的心学旗帜，广办书院，使得岭南地域儒学得以崛起，从而成为书院心学化、本土化的学术力量。经过明代广东士民多年的努力，万历十二年（1584），朝廷终于确定陈献章从祀孔庙，表明陈献章的岭南儒宗的学术地位最终得到了朝廷的确认。

当然，湛若水没有看到这一结果。他创办书院的初衷似乎并不是为着这一结果，而是为着陈献章这个“乡先生”的理论在广东社会的感召力。湛若水看重的是书院教育意义。湛若水在《莲洞书馆赡田仓记》中说到，自己创办书院的目的就是为了“以毕吾年，以成吾志，以淑吾人”。成吾志，淑吾人，既为实现自己的学术志向，也为培养一批以学术为志的人才，以化民成俗。而要化民成俗，书院具有特殊的教育作用。他在《虎丘三贤书院记》中指出，书院都以纪念贤人为宗，而且大都办在峰峦秀拔、树木丛生的名胜之地。人们游历名胜，多会去此地的书院观赏。“邦之士人岁时乐游而仰观祠宇，则知报德、报功之义，而兴其仰止思齐之心，其有助于化理风俗大矣”。入书院而仰观祠宇，见贤人而生思齐之心，这对于化民成俗作用至大。所以湛若水创办书院的目的就是要实现“一举而辟异端，扶正学，以化训乎乡里，以风动乎天下，以垂诸来世，亦观风之首务也”的文治效果。

正由于重视书院的社会教化功能，明代广东书院发展产生了一个显著的变化，即由宋元时期地方官员主导为主，转而为由地方士大夫主导为主。霍韬、湛若水、方献夫在西樵山构书院、兴讲学，首开广东书院的创兴局面，是一典型之例。阳明弟子如薛侃、杨思元、杨骥、杨鸾、薛俊、薛侨、薛宗铠、翁万达、林大钦、陈思谦等潮州士大夫，纷纷建书院，设精舍，聚徒讲学，使潮州王学在明代独树一帜，也是一例。屈大均在《广东新语·粥唐之学》中所述湛若水去世后，其弟子庞嵩在天关书院定期举行天山讲易之会的诸位参与者，以及主持诃林书院的何维柏，主持白云书院的黄佐，主持宝潭书院的钟景星，活跃在归善（今惠州）讲学的杨传芳、叶时，在罗浮讲学的叶春及，主持粤秀书院的王渐逵等，都是广东本土精英。群贤致力书院讲学，说明广东士大夫已成为明代广东书院的主导力量。

广东士大夫主导书院的力量增强，使明代广东书院数量一跃而居全国前茅。据近年出版的《中国教育通史·明代卷》的统计，整个明代广东共建书院217所，在当时全国排名第三。如果加上今已为海南省的琼州府21所，实际达到238所，在当时全国名列第二。因此可以说，促成明代广东书院产生质的飞跃，湛若水功不可没。

二、岭南儒学正崛起

湛若水的作为确实取得了成效。在白沙心学、甘泉心学的影响下，明代广东不仅推动了岭南地域儒学的崛起，而且呈现出明显的文治效果。

1. 明代广东风俗的更新

首先看民风，这是湛若水所期待的“以化训乎乡里，以风动乎天下”的书院效应。嘉靖十四年（1535）戴璟出任广东巡按御史，他很注意考察广东各地的民风。其作《广东通志初稿》，专辟《风俗》一卷，对我们大致了解明代的广东民风还是有所启迪的。

戴璟看到，在广州府城，由于地方官府不断地提倡和表彰民间贤士，“故其民朴而有文”，“敬愿而亲亲”，“民向于学”，“重正道而陋黄缁”，“守名节而乐恬退”；但同时，“郡城之俗尚文华而少质实，外邑穷乡多俭啬而勤苦”。韶州府“习朴而不杂，淳而不漓”，“岁不事游宴，日用饮食之外，珍奇之货不售焉”，但“惟士多愿悫，少浮华，可进于善”，受本地先贤影响，“而仕者多尚气节矣”。南雄府“士性质朴，民俗简俭，商无厚利，工无巧技。人强吏懦，青紫相属。务农者少，逐末者多”。惠州府“郡人好儒，文物不下他州。然为商者少，务农者多，市井交易早聚晚散，其细民妇媪则有担负蔬薪出于市者。乡落之民，每当月夜聚于野外，浩歌率用俚语。民亦多好祀”。潮州府则唐有韩愈、宋有廖德明等先贤的引领，“文学之士彬彬辈出，遂有海滨邹鲁之称。凡家畜图籍，人习礼让，虽穷乡隘巷，弦歌之声相闻也”。肇庆府“土薄民贫”，故农务田亩却收入甚微；“士则业诗书，文风雅重，性习简朴，民鲜末游，居室器用简素无华”。高州府“地旷民稀，俗尚简俭，耕稼而食，桑麻而衣”，“然民被礼让之化，衣冠相尚，冠礼亦间行，祭祀则效古学校，有俊秀之士”。雷州府“风俗颇淳，圣训浸濡，人多尚学，用度稍足皆知课子弟以诗书，而士夫之家惟循礼范武卫之门”。从以上论述来看，明代广东民风古朴，勤力农商，并开始兴起崇尚礼让，人多尚学的风气，这应该是明代广东民风的主流。

教育环境的优化，促进学风渐浓，读书风气在明代广东盛行。如《广东新语》载，“东莞陈琴轩先生琏，致仕后，开万卷堂，书多秘馆所无。四方学者至，必馆谷之。而丘文庄（丘濬）于琼州学宫为石室，藏书以惠学者。”东莞的陈琏在致仕后，在家里开了一个万卷堂，藏书丰富，且珍本很多，为其他秘馆所无，因而吸引四方学者。陈琏还备有饭食，以接待这些来读书者。琼州的丘濬则注意在州学中增加藏书。其他的，正德年间，南海的吏部员外郎方献夫辞官病归，于西樵山构筑石泉精舍，恭储皇帝御赐书籍，“藏书甚富”。又在广州城西的府邸建造“赐书楼”，“藏《明伦大典》处也”。香山的黄佐在广州有“宝书楼”。番禺的李辀“以克己自命，号曰过斋，积书数千卷”，公事之余则在过斋中读书。博罗的张萱生平无其他嗜好，唯独喜好藏书，老而弥笃，家中藏书达万卷之多。顺德的潘光统“雅好图史，作‘怡馨堂’‘飞云阁’为藏书之府”。虽然明代广东藏书尚无法与江浙等文化发达地区相媲美，但文化积淀确实已经开始起步。

2. 明代广东学术的异军突起

其次看学术，这是湛若水所期待的“辟异端，扶正学”的书院效应。读书风气的浓厚，给人才的成长营造了良好的土壤。明代广东人才辈出，在各个领域都表现不凡。比如在文学上，明代广东开始在全国文坛崭露头角。据屈大均《广东新语》所载，明初由孙蕡、王佐、赵介、李德、黄哲五人组织结成的“南园诗社”，合称“南园五子”，与当时高启为首的“吴中四杰”、林鸿为首的“闽十才子”齐名。后有王渐逵、伦以训发起的越山诗社，有郭棐、王学曾发起的浮丘诗社，晚明则有陈子壮发起的诃林净社。陈子壮还集合陈子升、欧主遇、欧必元、区怀瑞、区怀年、黎遂球、黎邦瑊、黄圣年、黄季恒、徐棻、僧通岸等人修复了南园旧社。

在史学上，明代广东出版了三部全省性通志。嘉靖十四年（1535），广东巡按监察御史戴璟主编了《广东通志初稿》，这是现存的最早的广东通志。二十几年后，两广总督谈恺聘请黄佐在上一本通志的基础上“重加搜集”，嘉靖四十年（1561），黄佐的《广东通志》70卷问世。万历年间，两广总督陈大科认为距黄佐志过去了40多年，许多新发生的“与时政攸关”的事情必须有所记载，于是由南海士人郭棐主编的《广东通志》成书于万历三十年（1602）。其他如广州、韶州、惠州、潮州、肇庆、高州、廉州、琼州、南雄等有编撰府志，诸多县也均有编撰县志。地方志的普遍撰写，体现了广东社会的相对稳定和广东文化的渐趋成熟。

明代广东文化的崛起，不仅有力地推动了广东学术的进步，而且促使通过科举入仕的广东士大夫群体开始形成，形成了广东有史以来科举入仕高潮迭起的盛况。由此导致在国家政坛上，活跃着丘濬、梁储、方献夫、霍韬、湛若水、海瑞、翁万达、唐胄等一大批粤籍名臣，在政坛上发出了广东的声音。丘濬和庞尚鹏在中国经济思想史上有着重要地位，翁万达、陈璘、袁崇焕在明代军事史上有举足轻重的分量。明末的抗清斗争也是由陈子壮、张家玉、陈邦彦等广东籍官员领导，士兵多由广东绅民组成，真正具有“广东军民”的含义。明代广东仕宦大都崇尚气节，士气昂扬，郭棐对此有高度评价：“我粤人贻光相烜者，炳炳赫赫若此，讵非山川之灵，钟于隽杰，必为君子，而不为小人，必有益于国，而不负于国，岂他省可得而较轩轾耶？”

“岭南人物，至明号称极盛。”明代广东人才的异军突起，追根寻源，则以陈献章、湛若水心学理论的传播为根本。郭棐有一段话将明代广东名人辈出的状况表达了出来：“我朝白沙陈先生以自然为宗，以忘己为大，以无欲为至，不离日用，而见鸢飞鱼跃。其教人一以主静。甘泉湛先生游其门，独得其宗，所著《心性图说》，默契周、程二氏之旨。其教以随处体认天理为要。一时从学白沙之门，则有东所张诩、壶山梁景行、南洲林光，皆能发明先生自然之蕴者也。近袒若南海陈激衷、中离薛侃、素予刘模、古林何维柏、弼唐庞嵩、肖斋杨传芳、惠江叶时、宝潭钟景星、艾陵林烈、曙台唐伯元，均有志于圣学也者。”

郭棐此论，谓陈献章、湛若水为领军人物，而闻风影从者则是一个粤军群体。“白沙之学”“甘泉心学”的出现，在整个广东文化发展过程中具有标志性的意义。

3. 明代广东书院祭祀的本土化

再次看书院祭祀，这是湛若水所期待的“垂诸来世”的书院效应。祭祀是书院教学规制的重要组成部分。书院祭祀具有多种功能，最重要的一项就是揭示学术源流，标明讲学宗旨。书院注重祠贤，而讲学宗旨又往往以祠祀的先贤为依归。宋儒发明理学、构筑书院、聚士讲学，多以理学大师为书院的祭祀对象。其祭祀对象就标志着书院讲学的宗旨，表明书院的学派特色与学术标向，最终形成了濂、洛、关、闽诸地域儒学的相继兴起。所以，通过书院的祭祀系统，即可明了其学术源流的起承转合。而各地书院也因着祠祀不同学派的理学家而彰显出地域文化的个性，体现出地方教育的丰富性。所以书院祭祀又是地域文化和地方教育的表征。

自秦汉以来，岭南成为获罪官吏流徙之地，至唐宋两代更是有不少富有才学的名宦学者被贬谪岭南。这些人积极推动了广东教育的发展，因而宋元时期广东书院的祭祀对象多为外地学术精英。民国学者刘伯骥称："书院以祀贤为第一义，无论有无课讲，祀贤为决不可少之事。宋元两代的广东书院，差不多纯为祀贤祠。即使后来的书院，也多有这种性质。当时所祀名贤，以北宋五子为首，流寓或地方的名贤次之，名宦又次之。"

可见，祭祀先贤成为宋代广东书院发展的主流，这不仅为广东书院文化注入了学术渊源，同时也向一地区的文化发展进行辐射。明代人郭棐在《广东通志》中说：

> 书院不列于学宫而精庐学堂讲舍，夫亦因俗为制，要在作人，非以标异也。秦越人之为医，随地屡迁，君子取其意，故有宋之白鹿、鹅湖，遂为学士嚆矢。其在岭南，经略方大琮治藏书室，而番山书院始开，若潮之韩山为韩愈，韶之相江为周敦颐，石城之松明为苏轼，茂名之茂山为晋高凉守杨方，雷州平湖为寇莱公，大抵善建不拔，其在人矣。

所谓"其在人矣"，一是说宋代书院由地方官员的政绩行为主导，二是说宋代广东书院是因韩愈、苏轼、周敦颐、罗从彦、寇准、杨方这些祭祀对象而起。如周敦颐是广州、韶州、肇庆府等地书院的主要祭祀对象，苏轼是惠州、雷州、琼州等地书院的主要祭祀对象，罗从彦也是惠州地区书院的重要祭祀对象，韩愈则是潮州地区书院的主要祭祀对象。茂名的茂山书院是祭祀东晋的杨方，雷州的平湖书院是祭祀寇准。从这里可以看到，这些祭祀对象以岭北学者为主体，广东书院的学术标榜主要以岭北理学家为号召，以传播理学为学术旨趣，这给岭南文化的发展注入了中原文化的营养。当时广东本土的祭祀对象只有曲江的相江书院祭祀张九龄，增城的菊坡书院祭祀崔与之，潮州的韩山书院祭祀赵德，且都不处于主祀地位。这说明当时广东本土学术尚未形成气候，广东书院的文化个性尚不足以与岭北地区相抗衡，广东书院文化还处于外来化学习阶段，这是广东书院发展的初始阶段。

而一旦岭南文化产生质的飞跃，书院这个平台就成为广东教育发展的利器。岭南地域儒学的崛起，为明代广东书院揭开了与官方朱学迥异的“道”之所在。这种自我生长的“道”为明代广东书院的崛起提供了丰富的教学资源，强化了广东地方教育机制的竞争力。由此导致了明代书院祭祀对象的根本转向，广东本土的精英成为书院祭祀的主要对象。明代广东书院祭祀的对象主要有陈献章、丘濬、湛若水、薛侃、霍韬、方献夫、黄佐、何维柏、海瑞、庞嵩、黄佐、杨起元、区大伦等，其人数大大超过了岭北学者。这一格局的形成基于两个条件：一是白沙心学、甘泉心学等地域儒学的成熟；二是书院建置，由宋元年间的地方官员的政绩行为主导，转而为粤地士大夫群体的学术自觉主导。

自此，广东书院才真正拥有了本土的学术大师，有了本土的书院祭祀系统和学术标向。这一转折表明，广东本土的学术大师成为广东书院创兴的学术与象征资源，广东书院的学术标向转向了本土化，广东书院发展进入到自主成熟的新阶段。

三、历史意义且珍惜

湛若水的书院教育贡献，不仅在社会层面，而且在教育层面，对今天的教育发展也富有启示意义。

书院的产生，针对各级官学不讲学、不行修身的弊端，所以，书院发展的生命力就在于它的讲学，在于它的教育理论和教育活动创新。失去这些特色，就失去了书院存在的意义。湛若水的书院教育，正是在这些方面坚持走了一条创新之路。由于这些创新之处契合教育教学规律，所以对今天的学校教育还是具有启示意义。

第一，在书院教育宗旨上，湛若水树起了“学心而已”的旗帜。他所制定的大科书院条规，其核心价值就是一条：“夫规何为者也，夫学心而已焉者也。”前面说过，书院往往通过学规的形式宣示它的办学宗旨。书院的学规包含书院教学的方针、学生生活和读书的守则及戒条、学习的项目与标准、为学的次第与方法等。它指出了为学的方向和道德修养的功夫，体现了一个书院的学派特点和教育特色。湛若水在大科书院条规中，把“随处体认天理”的内蕴整合进了制度化的教学安排之中，使得白沙心学、甘泉心学成为书院教学的制度性知识资源。书院的管理条规以心学为价值坐标，更好地促进学生形塑“心学”这一文化心理结构，养成学生对天理的仰慕和追求。这一独特的书院教育宗旨不仅继承了宋代以来书院发展的传统，而且成为湛若水书院教育的生命力，使湛若水的书院教育在当时，也在历史进程中留下了重彩的一笔。一所书院，一所学校，如果没有独特的、彰显教育理念的办学宗旨，就会湮没在“千校一面”的无价值的格局中，办学的意义就会大打折扣。这是湛若水书院教育思想给我们的一个启示。

第二，湛若水书院教育思想“学心而已”给我们的第二个启示，突出了人在教育中的主体地位。教育活动的主体是学生，是学生的“学”。但在实际生活中，学生的这个主体地位常被天理的外在权威，或章句条文，或死记硬背之方法，或管理制度给无情压制。但湛若水制订管理条规，始终坚持“凡以发诸心性也，凡以归诸心性也，凡以无所外于心性也”的原则，这样就有效地把书院教育的任何活动都落实到了人本身。它强调每个人的“心”是实现视听言动之生命活动的本原，它能够通过自身的认识功能，察觉天地万物的道理。这样，教育的主导权便回到了人的自身。人性之发是人的自动行为，体认心是人的理想境界，自我认识、自我发展就是教育的本真。这样，人的主动精神、人的主观能动性都能在教育中得以张扬，人成了教育的主人。

更为重要的是，“学心而已”的目标是指向人心的发展，这是生命发展之源泉，是人的综合素质发展的基础。也就是说，教育的本真就是促进人的生命发展，这是中国教育的优良传统，也是今天的教育改革正在努力的目标。教育可以传授人以知识，以技能，但最根本的是要促进其生命的发展。湛若水的"学心而已"正从根本上给我们以启示。对湛若水的心学理论，我们理解起来可能比较玄乎，但他在教育上强调"养心"，强调要将内心的善端"存而养之"，使之扩充至大而配天，至广而配地，最终能充塞天地而致万化生生不息。湛若水还强调，"学心而已"的根本目的是达到"心有主"，即让心之中正在人性中取得主导和支配的地位。心之根存，真善美的种子则能固体强身，这些道理其实离我们并不远。为"养心"，湛若水还强调立志，强调煎销习心，强调自得，强调知行合一，强调崇尚自然，这些主张都是契合教育规律的真知灼见，都是促进生命发展的有效措施，值得借鉴。

第三，湛若水书院教育思想给我们的第三个启示，书院就是一个学生的生活场所。学生在书院的生活，就是他们体认天理的"随处"。学生在书院的学习，绝不是为未来生活做准备，而是学习正在进行中的生活。湛若水看到，在书院的学习与生活中，学生应该怎样与老师、同学、家人交往，应该怎样衣食住行，这些都是学子实践圣贤之学的"下手用功处"。湛若水强调"随处体认天理"，那书院生活的这个"随处"就绝对不能错过。而且从学习角度讲，学生来书院学习仅仅记诵一些至理名言是不够的，只有通过书院的生活实践去体认天理，才能真正领悟心学的真谛。所以我们看到，湛若水在很多场合强调：不能以为在书院只是读书之事，亲民之实践要待学业完成后再去进行；不能以为读书是一回事，体认又是一回事。这些道理也正是我们今天教育改革当思考的问题。

湛若水看到，世俗社会处处充满着对人心的遮蔽和误导，书院的学习生活自然也不能例外，也有义利之判。而书院盛行的心性之学也并非如日悬高空，而是具体表现在日常的学习场景之中，表现在个人的生活行为之中。所以湛若水重视书院这个生活场所，就能促使学生从克服平日行为的"不正"下手，逐渐使心趋于"正"。这种重视行为习惯训练的教育，也正是我们今天家庭教育、学校教育中的一个短板，值得借鉴。

还有，湛若水从"道心事合一"的主张出发，在行为训练中更强调"事上磨练"。这个"事"，包括读书，包括平日生活行为，也包括自综理家务以至于兵农、钱谷、水利、马政各种专门技术的训练。无论从事什么工作，无论在何时何处，都是涵养体认的功夫。可见，湛若水将高深悬妙的心性之学，置放于学生的生活世界，便是在书院教育中明确了一个价值坐标，促使受教育者在学习生活中时刻扪心自问，时刻拷问自己的心灵，时刻追问自己怎样求学才能有价值。

第四，湛若水书院教育思想给我们的第四个启示，任何的学习活动，重要的是要养成一种精神。我们可以看到，湛若水要求学生在任何学习活动或工作中都要保持一种“敬”的心态，即“应事持敬”。湛若水把“敬”奉为“圣学之要”，把“敬”视为体认天理的法门。这个“敬”，其实就是一种精神，一种恭敬之情，一种认真态度。学习不是纯粹的增长知识，而是开发心灵。工作也不是单纯的提升业绩，而是体认天理。这就要怀着一种恭敬之情去涵养，去磨练。没有持敬的态度，就没有行动的持续，就不可能获得知行之功，即达到至善的境界。甚至，没有持敬的态度，还可能违反训规，破坏书院秩序。所以，持敬，就是要求学生在生活实践中约束自己，提升自己，将日常生活与体认天理有机结合，修业与涵养合一，知行并进。持敬，就是要求学生在行动上须达到极致的地步，使道德操守由内向外生发，养成文质彬彬之君子，达到止于至善的境地。湛若水曾有一首四言诗《敬止》：“风云自天，龙蛇起陆。君子敬止，渊渊穆穆。”所谓止，即止于至善。只有怀着恭敬之心把任何事都做到极致，才能实现人与天地万物浑然一体的境界。所以，敬是对心灵的呼唤，敬是对精神的升华，敬是人之所以成为人的心灵钥匙。反思今日之教育，我们在精神层面的贫困可能更具危机性，湛若水的书院教育思想可以给我们更深入的思考。

第五，还有一点值得我们借鉴的，那就是湛若水本人所追求的教育家精神。罗洪先在《湛甘泉先生墓志铭》中说：“先生以兴学养贤为己任，所至之地，咸有精舍赡田，以馆谷来学，故所造就之士皆有得于先生之学，以淑其身，以惠诸人。”湛若水为什么要以兴学养贤为己任？他在《惺翁亭记》中写到，因为“吾病世之人昏昏懵懵，如醉如梦，缘是失其本心而莫之觉也”。于是，他一生对心学理论的追求与坚守，在政治高压下“为斯文斯世动心”，就是为了唤醒世人之本心，之初心。他积极创办书院，积极推动乡村社会的教化，就是为了天下后世之天朗气清。洪垣在《湛甘泉先生墓志铭》中说：先生“谨礼明义，致孝鬼神，家庙师祠，祭告必有常节。至于自奉则勤俭约素，官至上卿，服食如儒时，推所有余，尽以给诸家人弟子。小宗、大宗，有义田、有合食田，门生善士捐数百金，曾不顾惜，如义有不可，一芥不苟与之。所志不在一家，而在天下后世，有非常情可窥者。”自己生活勤俭，却推所有余资助他人，甚至在书院购置田地以资助贫困学生。湛若水在40岁时，曾有《除夕》一诗：

> 阴阳无停机，天道常流转。除夕依辰至，岁月忽已晚。
> 感节念年非，令人发悲惋。少壮多志气，白发已乱短。
> 行年逾不惑，知命途尚远。誓当师继日，畏此流光遄。

不惑之年，正是湛若水考上进士入职翰林院之年。但此时他的志向却不在求仕途之辉煌，而在思考如何不负光阴以承师命。湛若水之教育家胸襟，于此可见一斑。

由此可见，湛若水的书院教育思想在继承儒家教育理论和宋代书院教育理论的基础上有了新的发展。从书院管理制度看，湛若水制定的大科书院条规显然比白鹿洞书院条规前进了一步，它将朱熹所期待的圣贤教人为学的理念推向了书院学子的生活世界。他的“随处体认天理”的教育信条将教育的活动舞台扩展到人们的日常生活和平常工作中，将教育的主导权交到每个人的手中，将教育的具体活动上升到对心灵的呼唤。这样，体认天理不再是一种高远虚玄的心性冥想，而是一种日常生活方式的修炼。这种日常生活方式的修炼，带有浓厚的草根气、人情味，任何人都可以从中获得一种清晰的方向感，以开显人性，完成人格。它告诉人们，君子之行并不仅限于治国平天下之政治舞台，更多的是于日常生活中见精神。这些思想的成熟，不仅赋予了书院教育以丰富的教学资源，而且为推动明代广东乡村教化提供了思想武器。特别是在推动书院教育走向社会，与社会生活和社会教化有机结合方面，湛若水的书院教育思想在中国书院发展史上占据了独特的地位。